制造企业创新战略及价值实现

刘 欣 著

清华大学出版社
北京

内 容 简 介

本书立足企业层面，主要探讨选择产品创新战略和工艺创新战略的影响因素，以及不同创新战略对企业价值实现的作用，并特别探讨在数字经济时代，制造企业应如何根据所处的发展境况选择合适的数字创新战略。本书遵循资源—战略—价值的研究范式，将我国制造业上市公司创新战略研究分为相互承接的两个阶段，从企业开展产品创新和工艺创新受到哪些关键因素驱动，以及产品创新和工艺创新对企业价值具有何种影响的研究逻辑出发，深入探究规模实力、技术能力、资本密集度及产权性质等因素对我国制造企业创新战略选择的影响，以及产品创新和工艺创新对企业销售增速、劳动生产率和就业需求的作用。另外，通过质性研究的方法，探讨上海汽车集团股份有限公司、上海振华重工(集团)股份有限公司及三一重工股份有限公司三家中国装备制造企业的创新战略演进及其创新绩效，深入剖析了制造企业数字创新战略的表现形式及其对企业价值实现的作用。

本书主要适用于对制造业创新战略、数字化转型感兴趣的研究人员，以及对创新管理感兴趣的读者。

本书封面贴有清华大学出版社防伪标签，无标签者不得销售。
版权所有，侵权必究。举报：010-62782989，beiqinquan@tup.tsinghua.edu.cn。

图书在版编目(CIP)数据

制造企业创新战略及价值实现/刘欣著. —北京：清华大学出版社，2024.5
ISBN 978-7-302-64701-0

Ⅰ.①制… Ⅱ.①刘… Ⅲ.①制造工业—企业创新—研究—中国 Ⅳ.①F426.4

中国国家版本馆 CIP 数据核字(2023)第 183500 号

责任编辑：	梁媛媛
装帧设计：	李　坤
责任校对：	徐彩虹
责任印制：	丛怀宇

出版发行：清华大学出版社
网　　址：https://www.tup.com.cn, https://www.wqxuetang.com
地　　址：北京清华大学学研大厦 A 座　　邮　　编：100084
社 总 机：010-83470000　　邮　　购：010-62786544
投稿与读者服务：010-62776969, c-service@tup.tsinghua.edu.cn
质量反馈：010-62772015, zhiliang@tup.tsinghua.edu.cn
课件下载：https://www.tup.com.cn, 010-62791865

印 装 者：河北鹏润印刷有限公司
经　　销：全国新华书店
开　　本：185mm×260mm　　印　张：14.25　　字　数：344 千字
版　　次：2024 年 5 月第 1 版　　印　次：2024 年 5 月第 1 次印刷
定　　价：79.00 元

产品编号：095198-01

前言

在我国，注重产品创新历来是企业技术创新管理中的传统观念，且重视程度远远高于工艺创新。中国经济的高速发展得益于企业快速响应市场需求及产品的模仿创新，但与德国等发达国家生产的高端产品相比，"中国制造"技术含量和附加价值都比较低。目前，我国制造企业处于转型升级的关键时期，传统的制造优势逐渐被削弱，随着先进制造技术的不断涌现，工艺技术创新对企业的战略意义越来越大，推进制造过程的智能化、数字化必将成为我国制造企业转型升级、持续成长和抵御市场激烈竞争的关键。

在以创新驱动转型发展的时代背景下，识别哪些是影响我国企业创新战略选择的关键因素并厘清这些关键因素之间的内在作用机理对推动我国企业创新战略的实施具有重要意义。工艺创新和产品创新能否促使企业绩效增长和效率提升也是一个值得深入探讨的课题。我国作为人口大国，理解企业创新的就业效应至关重要。工艺创新能否带来企业更快成长？是否会威胁到企业对劳动力的需求？这些问题对转型升级的中国制造企业具有非常重要的实践价值。

本书立足企业层面，主要探讨产品创新战略和工艺创新战略选择的影响因素及不同创新战略对企业价值实现存在何种作用，并特别探讨在数字经济时代，制造企业应如何根据所处的发展情景选择合适的数字创新战略。基于对企业不同转型发展阶段创新战略的研究，本书提出中国制造企业创新战略的决策模型，探求有效促进中国制造业价值实现的政策建议和管理建议，以期为中国企业转型发展过程中的创新战略管理提供新的视角和理论支持。

本书的研究结论、政策建议和研究价值如下。

1. 研究结论

(1) 大企业的工艺创新产出高，且工艺创新的意愿强。

规模不仅能够对企业工艺创新产生直接的促进作用，而且还可以通过改变企业资本设备投资和出口贸易的学习效应来间接促进工艺创新活动。大型出口企业更倾向于开展工艺创新，密集型资本对企业工艺创新意愿的刺激作用也只有在大企业中才能得到充分发挥，员工人数对工艺创新的作用强度不如销售收入的大，企业销售规模对工艺创新的促进意义更大。

(2) 企业技术人员的比例和出口贸易对工艺创新的促进作用显著，国有企业产品创新的动机比工艺创新的动机更强烈，单纯提高资本存量并不能够显著刺激企业工艺创新活动的产生。

技术人员数量体现了企业的吸收能力，是我国企业学习和吸收已有技术范式、实现二次创新的重要保障，与发达国家企业的贸易往来是技术后发企业获得先进工艺技术的重要途径，我国制造企业从出口贸易中获得了工艺技术的学习效应。国有制度显著促进了产品创新产出，国有企业更倾向于开展高质量的产品创新；资本存量不是影响企业工艺创新的关键因素，但是对我国企业的产品创新具有显著的促进作用。

(3) 工艺创新能够促进企业销售成长，对企业内部效率和长期竞争力的促进作用更大。

从企业获得专利的第3年开始，工艺创新对销售收入增长率会产生促进作用，并且这种促进作用的滞后效应非常显著。企业累积工艺创新(过去3年的工艺专利总和)和累积产品创新(过去3年的产品专利总和)对企业劳动生产率都具有显著的促进作用，但工艺创新对企业劳动生产率的促进作用更大。

(4) 尽管工艺创新会抑制当期员工规模，但是企业累积工艺创新能够促进就业，尤其是增加对技术人才的需求。

工艺创新对企业当年的就业人数会产生抑制作用，但是企业累积工艺创新(过去3年的工艺专利总和)对员工数量产生的补偿效应，扩大了就业规模，尤其是对技术人员需求的促进作用更为显著。

(5) 数字化创新战略通过产品增值、技术领先、价值网络位势等异质性专有资源的增加，最终会为企业创造价值。

上海汽车集团股份有限公司、上海振华重工(集团)股份有限公司和三一重工股份有限公司是中国装备制造行业的头部企业，分别通过数字产品创新、数字制造技术及数字平台促进了企业经济价值、技术价值的实现，最终助力企业数字化转型升级的战略价值实现。我国企业可以根据不同的发展情境、技术发展阶段采用合适的数字产品创新战略、数字技术创新战略及数字平台创新战略，以创新驱动企业高质量发展。

2. 政策建议

(1) 规模化经营是企业攻克关键工艺技术的实力保障，能够促进重点行业的企业兼并重组和鼓励中小企业实现合作创新。

(2) 建议制定鼓励出口的优惠措施，积极发展高质量的外向型经济，推动企业从出口市场上进行技术学习，从而提高企业的工艺技术水平。

(3) 建议完善鼓励企业创新政策体系，积极搭建工艺创新公共技术平台，设立工艺成果奖励基金，加大对工艺专利的保护力度，这样不仅可以提高我国企业的成长绩效，而且从长远看，还能够创造就业机会。

(4) 鼓励企业积极探索数字化转型路径，引导企业选择适宜的数字产品创新战略、数字技术创新战略及数字平台创新战略，实现企业数字化转型的价值。

3. 研究价值

(1) 在中国情景下研究创新行为的驱动因素需要考虑许多独特的变量，比如产权制度安排、后发企业的技术学习及企业自身的资源禀赋等。将这些繁杂的变量整合到一个统一的框架下，并寻找变量背后的理论解释，识别企业规模、出口贸易、物质资本投资、吸收能力及所有制性质等是影响我国制造企业工艺创新的关键因素，发现的实证结果如下。

① 规模和技术人员比例对企业工艺创新的促进作用存在内在的传导机制。即大企业不仅拥有雄厚的资源实力开展工艺创新，而且规模越大，企业越有能力去学习、吸收外部技术供给，从而间接提高企业的工艺创新水平。

② 外向型经济对我国企业工艺创新和产品创新都具有促进作用。出口学习效应提高了我国企业的创新水平，大规模的资本设备并不是激发我国企业工艺创新产出的关键变量，但却显著促进了产品创新，出口贸易对企业工艺创新的促进作用大于资本设备，单纯的资本设备投资并不足以提高企业的工艺创新水平，企业需要具备相应的技术能力才能发挥工艺设备对创新活动的支持潜力。

③ 所有制对企业创新活动的开展具有差异化影响。国有企业更倾向于开展产品创新，在对行业内先进的工艺创新技术进行合理地采纳和应用的基础上，能够自主推出更高质量的创新产品。

(2) 立足于尚待深入研究又对提高我国企业产品附加值极为重要的工艺创新，突出和强调了工艺创新有利于企业更快成长。短期内，工艺创新对企业的销售收入增长速度呈现负向作用，但从第 3 年开始，工艺创新对企业销售收入的增长表现出促进作用，并且这种促进作用的滞后效应非常显著。累积工艺创新对企业劳动生产率影响的程度比累积产品创新对企业劳动生产率影响的程度更大。笔者的研究弥补了当前分类研究工艺创新和产品创新对企业成长影响的不足。

(3) 目前，国内尚未建立企业专利分类的数据库，对从专利产出角度衡量工艺创新造成了一定的困难。本书采用独立专家法，手工整理和分类了专利信息，创造性地从专利数据中分离出工艺专利，并将工艺专利作为研究工艺创新的数据基础，构建了我国制造企业创新模式的独特数据库，丰富了数字创新管理研究的方法。

(4) 关注数字创新战略及其价值创造机制，通过对三家装备制造企业的数字产品创新战略、数字技术创新战略及数字平台创新战略的案例进行分析，探究了企业数字创新战略的表现形式及其价值创造的机制，强调了企业在数字化转型过程中，应选取适宜的创新战略，以实现短期的经济价值和技术价值，最终促进企业转型升级的战略价值的实现。

本书对创新战略的相关研究进行了拓展和深化，并改进了对创新战略研究的实证方法。研究结论可以为制定技术创新相关政策提供参考，对引导创新资源分配具有极强的实践价值。本书主要面向对制造业创新战略、数字化转型感兴趣的研究人员，以及对创新管理感兴趣的读者。

著　者

目录

第1章 绪论 1
    1.1 研究背景 3
        1.1.1 理论背景 3
        1.1.2 实践背景 5
    1.2 研究目的、意义与研究问题 7
    1.3 研究内容与技术路线 8
        1.3.1 关键概念界定：产品创新和工艺创新 8
        1.3.2 研究方法和技术路线 11
        1.3.3 主要研究内容 14

第2章 理论综述 17
    2.1 "熊彼特假设"的讨论——创新战略与企业规模 19
        2.1.1 规模是研究企业创新行为的重要类别变量 19
        2.1.2 规模对企业工艺创新战略和产品创新战略的影响 20
    2.2 "A-U模型"的讨论——后发企业 工艺创新与技术学习 24
        2.2.1 "A-U模型"及其改进 24
        2.2.2 后发企业以工艺创新为先导的创新模式 26
    2.3 创新战略的价值实现 31
        2.3.1 工艺创新对企业产出绩效的影响 31
        2.3.2 工艺创新对就业水平的影响 32
        2.3.3 工艺创新对劳动生产率的影响 34
    2.4 文献评述 34

第3章 制造企业创新战略选择的理论分析 37
    3.1 创新战略选择的博弈理论基础 39
        3.1.1 市场特征与创新战略选择 39
        3.1.2 企业特质与创新战略选择 40
    3.2 创新战略选择的博弈分析 40
        3.2.1 博弈模型设定 41
        3.2.2 产出阶段均衡分析：创新战略对企业销售绩效的影响 42
        3.2.3 创新阶段博弈均衡分析：影响创新战略选择的关键因素 .. 44

3.3 技术后发企业创新战略选择的因素研究 ... 46
    3.3.1 物化于资本设备中的工艺技术 ... 46
    3.3.2 源于出口贸易的工艺技术学习 ... 47
3.4 创新战略选择的理论模型 ... 49
3.5 本章小结 ... 54

第 4 章 制造企业创新行为的统计研究 ... 57
4.1 中国制造业创新活动统计分析 ... 59
4.2 制造业样本分析 ... 63
    4.2.1 研究样本选择 ... 63
    4.2.2 研究样本的分布特征 ... 65
4.3 制造企业工艺创新行为分析 ... 67
    4.3.1 工艺专利数据收集整理 ... 67
    4.3.2 制造企业工艺创新的统计特征 ... 73
    4.3.3 制造企业工艺创新绩效分析 ... 76
4.4 本章小结 ... 79

第 5 章 创新战略选择的实证研究 ... 81
5.1 创新战略选择的研究假设 ... 83
    5.1.1 影响企业工艺创新产出的关键因素 ... 83
    5.1.2 影响企业工艺创新意愿的关键因素 ... 86
5.2 创新战略选择的研究设计 ... 87
    5.2.1 数据来源 ... 87
    5.2.2 变量说明 ... 88
    5.2.3 模型设定 ... 91
5.3 创新战略选择的实证结果与分析 ... 93
    5.3.1 描述性统计 ... 93
    5.3.2 工艺创新产出影响因素的分析 ... 94
    5.3.3 工艺创新意愿影响因素的分析 ... 98
    5.3.4 工艺创新和产品创新影响因素的比较研究 ... 101
5.4 本章小结 ... 103

第 6 章 创新战略对企业成长影响的实证研究 ... 105
6.1 创新战略对企业成长影响的理论分析 ... 107
    6.1.1 理论基础与研究假设 ... 107
    6.1.2 变量和模型 ... 108
    6.1.3 描述统计与讨论 ... 112
6.2 工艺创新对企业销售收入增长影响的分析 ... 115

	6.3	工艺创新对企业员工规模扩张影响的分析	120
	6.4	工艺创新和产品创新对劳动生产率影响的比较分析	122
	6.5	本章小结	124

第 7 章 上汽集团案例研究：企业规模与创新战略选择 127

- 7.1 研究背景分析 129
  - 7.1.1 中国汽车企业创新面临的挑战 129
  - 7.1.2 中国汽车产业发展规模 130
  - 7.1.3 中国汽车产业技术发展转型 133
  - 7.1.4 上汽集团的发展概述 134
- 7.2 上汽集团工艺创新实践的发展历程 136
  - 7.2.1 工艺技术学习——合资企业先进的工艺流程 136
  - 7.2.2 自主工艺技术研发——罗孚技术和"荣威"品牌 ... 139
  - 7.2.3 战略性工艺创新合作——新能源技术的发展 140
- 7.3 工艺创新与上汽集团发展 143
- 7.4 上汽集团创新战略的启示 145
  - 7.4.1 清晰的技术创新发展路径：从技术引进学习到战略性技术储备 145
  - 7.4.2 规模实力是工艺创新的重要保障 147
- 7.5 本章小结 148

第 8 章 振华重工案例研究：出口学习效应与创新战略选择 151

- 8.1 研究背景分析 153
- 8.2 出口学习导向下创新战略研究框架 154
- 8.3 研究方法和数据来源 157
  - 8.3.1 数据来源 157
  - 8.3.2 数据处理 159
- 8.4 振华重工创新战略演进研究 160
  - 8.4.1 海外市场进入阶段：工艺技术学习 160
  - 8.4.2 海外市场追赶阶段：工艺技术改进 161
  - 8.4.3 海外市场多元化拓展阶段：工艺技术战略升级 163
  - 8.4.4 海外市场转型升级阶段：工艺技术数字化 167
- 8.5 本章小结 168

第 9 章 装备制造企业创新战略及数字化转型 171

- 9.1 数字创新战略研究现状 173
  - 9.1.1 制造企业数字化转型 173
  - 9.1.2 制造企业数字创新战略研究 174
  - 9.1.3 数字创新战略的价值实现 175

9.2　制造企业数字创新政策分析..177
9.3　创新战略与数字化转型理论模型..180
9.4　装备制造企业数字创新战略案例研究..182
　　9.4.1　数字产品创新赋能——振华重工数字化转型......................182
　　9.4.2　数字制造赋能——三一重工数字化转型..............................184
　　9.4.3　数字平台赋能——上汽集团数字化转型..............................186
9.5　本章小结..188

第 10 章　结论与展望...191

10.1　创新战略驱动企业价值实现的系统动力学分析............................193
　　10.1.1　理论基础..193
　　10.1.2　研究设计..194
　　10.1.3　系统动力学模型构建..194
　　10.1.4　因果关系回路..196
　　10.1.5　模型仿真与分析..197
　　10.1.6　敏感度仿真分析..198
　　10.1.7　研究结论..200
10.2　主要研究结论..201
10.3　研究局限和进一步研究展望..204

参考文献..206

第1章

绪　　论

1.1 研究背景

1.1.1 理论背景

长期以来，有关创新的话题一直备受关注，国内外学者关于企业创新诱因及创新绩效的研究已经比较丰富，但是分类研究产品创新和工艺创新的驱动因素及其对企业成长绩效影响的文献仍不够充分。工艺创新和产品创新是企业创新的两个重要内容，两者通常是互补的，并不简单的是一种创新让步于另一种创新，但是不同特质的企业对工艺创新战略和产品创新战略的选择存在差异，从微观层面研究制造企业创新战略选择的文献尚不多见，尤其是聚焦后发企业工艺创新战略的研究有待于进一步深入。

自创新作为一种新的生产要素进入经济研究领域以来，工艺创新的研究成果大都散见于技术创新的相关研究中，没有形成独立的、完整的理论体系。纵观后发企业的创新历程和技术发展战略，通常经历了从工艺技术和制造设备的引进到生产工艺改进，再到战略性工艺创新的演进过程，工艺创新在技术后发企业的成长过程中占据着重要的地位。现有文献对后发企业这种独特的创新模式仍没有清晰的把握和全面的认识，导致对企业工艺创新缺乏充分的研究，忽视了工艺创新对企业成长的重要作用。

2002年以前，我国学者在工艺创新领域的研究属于起步阶段，对工艺创新的关注主要源于日本企业对美国企业成功追赶的现象，日本企业重视工艺创新与美国企业追求产品创新形成鲜明的绩效对比，驱使人们开始认识工艺创新对技术后发企业的关键作用。2002年以后，国内对工艺创新的研究重心与国外的主流研究逐渐接轨，开始探索产品创新和工艺创新在特定条件下的匹配与选择。

2015年以后，随着智能制造、绿色制造等理念的兴起，工艺创新再次引起理论界的关注，大数据、物联网、人工智能等数字技术给中国制造业带来了颠覆性的变化与前所未有的机遇和挑战，重新定义了制造竞争优势，影响了全球竞争的格局。数字转型是中国制造业实现高质量发展的重要途径和关键所在(赵剑波，2020；陈楠，2021)，而工艺技术的数字化以及智能化成为制造行业未来发展的战略制高点、转型升级的突破口和"弯道超越"的主攻方向。

识别出影响企业创新战略选择的关键因素并厘清这些关键因素之间的内在作用机理是重要的创新理论问题。然而，目前的文献尚未形成对制造企业产品创新战略和工艺创新战略深层次、全方位的研究，而且对工艺创新的研究远远不如对产品创新的研究充分，尤其是由于数据的限制，对工艺创新的研究多采用案例分析或调查问卷的方式，研究结论的代表性不足，无法重复检验，工艺创新领域尚未形成丰富的研究成果。

虽然检验创新对企业成长的影响是一个非常传统的话题，但是研究不同创新战略对企业成长差异化影响的文献有待进一步深入。工艺创新是否能推动企业更快成长？工艺创新是否比产品创新对企业未来发展具有更加重要的价值？产品创新直接面对消费市场，因此经济绩效更加明显，但关乎企业竞争力的工艺创新给企业带来的绩效往往比较隐晦，因而容易受到忽视。分类比较工艺创新和产品创新对企业成长的作用是目前实证研究中比较薄弱的领域，而这一问题的解决对推动我国企业开展工艺创新——对企业长远发展具有重要战略意义而又被长期忽视的创新活动，是迫在眉睫的。

值得注意的是，随着数字技术的广泛应用，理论界开始重新评价工艺创新的价值并在新的环境背景下检验创新战略的相关理论。但当前对数字创新战略的理论研究仍不够充分，数字技术将如何驱动创新战略的适应性变革？基于智能制造的战略形态有何创新？制造企业应如何选择适宜的数字创新战略？数字创新战略能为企业创造何种价值？这些问题尚缺乏深入系统的探究，且这些问题的解决对加速我国制造企业数字创新转型具有重要的理论意义。

1.1.2 实践背景

与产品创新相比,工艺创新可以给一个行业的生产力和竞争力带来更大的影响,如果一味地利用现有生产线和工艺技术生产产品,很难实现技术的跨越发展。历史经验表明,新产品的发明者往往不会成为最终的市场领导者,在竞争激烈的动态环境下,仅仅依靠产品创新是不够的,长期来看,工艺创新才是保障企业未来竞争力的关键。产品创新决定工艺创新,但又受制于工艺环境,产品创新的实现需要有先进的工艺技术作为保障,制造业更多体现的是工艺创新的基础性作用,工艺是保证产品质量、控制产品成本和保证产品交货周期的关键环节(孟庆伟,等,2007)。工艺创新对一个企业的生产设备、生产过程乃至整个生产方式的改革都起着重要作用,积极寻求工艺改进的企业,会形成强大的制造能力,产生一种新的成本结构,片面强调产品会使企业技术引进效益差、技术成果吸收能力弱,最终使企业的产品创新或因生产技术的瓶颈不能实现,或因效益不高而缺乏应有的竞争力(毕克新,等,2004),工艺创新不仅能够突破生产技术瓶颈,更重要的是可以提高企业创新和吸收能力,是发展中国家的企业实现后发优势的关键(王伟强,等,1993)。创新发展的不协调会严重影响生产率的提高,落后的工艺水平限制了企业技术能力的发展,导致与国外先进技术的差距不断拉大(郭斌,等,1997),仅仅强调产品创新而忽视工艺创新会使整个创新系统处于较低的协同水平(贾军,等,2013),先进的生产工艺是企业竞争力的有力保障。

科塔比和默里(Kotabe,Murray,1990)、克拉夫特(Kraft,1990)和曼斯菲尔德(Mansfield,1988)都强调了工艺创新是日本企业成功的重要原因。曼斯菲尔德1988年通过分析美国公司研发支出费用和日本公司研发支出费用的一手资料发现,美国公司投入约2/3的研发支出费用以提高产品技术,大约1/3的研发支出费用来改进工艺技术,而日本企业的数据正好相反,其强调美国企业应该将更多的资源配置到工艺科学研究与试验发展(R&D)中,使日本企业难以从美国企业的产品创新中获得收益,以应对日本技术的挑战。麻省理工学院(MIT)生产率促进委员会1989年发表的一份报告中比较了美国公司、日本公司和德国公司的创新投资,研究指出,许多美国产业正逐步失去竞争优势,这与其过分强调产品创新而忽略工艺创新有一定的关系。

产品创新直接参与市场竞争，是衡量一个企业经济效益和创造力最直观的指标。注重产品创新历来是我国企业技术创新管理中的传统观念，工艺创新则被视为从属于产品创新的需要，这种观念使产品创新在企业创新中占有绝对主导地位。20世纪90年代，江浙地区大部分企业实施的创新项目都是围绕产品创新展开的，在这些企业中，能够完成二次创新的仅占0.8%，究其原因就是企业落后的工艺基础与引进技术之间的不匹配(郭斌，等，1997)。工艺创新的高投入使德国制造业取得了辉煌的成绩，"德国制造"已经成为高品质产品的代名词。另外，德国制造企业能够在2008年的经济危机中很快恢复经济活力正是得益于它们对工艺创新的重视。

中国经济的高速发展得益于企业快速响应市场需求以及产品的模仿创新，中国已经成为世界上许多重要产品的制造中心，虽然被冠以"制造大国"的美誉，但与德国等发达国家生产的高、精端产品相比，"中国制造"仍处于全球产业链的低端，产品技术含量低、附加价值低，企业大而不强，这在很大程度上与企业忽视工艺技术的持续改善、忽视生产流程优化对企业成长的积极作用有很大的关系。大量事实表明，我国中小制造企业由于缺乏工艺创新意识，其产品在设计上虽有一定改进，但生产工艺仍是老一套，直接影响了新产品质量的提高。我国企业要以工艺创新推动产品创新，要特别重视源于企业发展战略的工艺预创新，否则难以在激烈的竞争中求得生存和发展(曹砚辉，等，2001)，工艺创新能力是产品升级换代的技术基础，也是抵御市场激烈竞争的关键所在。

日本和德国的成功经验对中国制造业具有深刻的启示意义。当前，中国劳动力成本和要素价格不断上涨，传统资源驱动型的发展模式已不再适用，如何提高企业技术水平，以创新引领企业转型发展是我国制造企业亟待解决的问题。为响应"工业4.0"的理念，我国提出了"中国制造2025"的战略规划，强调要加强工艺和装备的研发力度，促进制造工艺的仿真优化、数字化控制、状态信息实时监测和自适应控制，推进制造过程智能化，建立基础工艺创新体系和关键共性基础工艺研究机构，开展先进成型、加工等关键制造工艺联合攻关，支持企业开展工艺创新，提升重点行业关键工艺水平。

得益于国家产业政策的大力支持,中国制造业技术创新能力持续提高,涌现出一批在海工设备、大型飞机、交通装备等领域具备领先技术、创新能力和国际竞争力的制造企业,这些企业全面拥抱数字化,利用数字技术颠覆原有生产和商业模式,创新价值动能。比如,装备制造企业三一重工以工业互联网为依托,广泛应用数字技术,提升了人机协同效率与生产效率,大幅降低了制造成本,并将大数据技术应用在设备维修、检测和研发等场景中,体现了数字技术创新赋能制造业价值增值的能力。数字经济正在深刻变革制造业,推动制造业从规模化生产向个性化定制转型,实现制造服务精准化和制造过程数字化(焦勇,2020),但埃森哲发布的《2019中国企业数字转型指数研究》报告指出,当前仅有9%的企业数字化转型成效显著,实现了企业营业收入与销售利润的显著增长,多数企业仍面临企业数字转型难出实效的困境。数字化投资与企业绩效之间错综复杂的关系让不少企业对是否进行数字技术投入产生了困惑,已经进行数字化的部分企业由于"阵痛期"对是否继续投入数字技术产生了疑问(刘淑春,等,2021),中国制造企业数字化升级任重道远。

在市场需求和先进制造技术的双重推动下,我国制造企业对工艺创新的重视程度日益增加,将数字技术与制造业深度融合,在新的技术范式上形成领先优势,对我国制造企业实现跨越式发展至关重要。在中国经济发展的新背景下,重新审视企业产品创新战略和工艺创新战略、深入探究企业数字创新战略以及创新战略对企业成长的影响,对指导我国制造企业合理配置创新资源、实现创新引领企业价值具有重大的实践价值。

1.2 研究目的、意义与研究问题

20世纪80年代后期,日本企业实现赶超美国企业,使人们开始意识到工艺创新对后发企业的重要作用。随着科学技术的发展,如今工艺创新被赋予了许多新的含义,如绿色工艺创新、数字化工艺创新以及智能制造等,在新的时代背景下重新检验工艺创新的相关理论具有十分重要的现实意义。

产品创新对企业绩效的影响是立竿见影的，而工艺创新的绩效反馈则更加隐晦且具有滞后性，因而企业往往忽视工艺创新对企业成长的积极效应，但如果只将关注点放在产品的渐进性改进上，追求短期的利润回报，会削弱企业可持续发展能力。我国制造企业正处于转型升级的关键时期，随着人力成本的不断上升，传统的制造行业优势正逐渐被侵蚀，数字制造、智能制造成为制造行业新一轮竞争的焦点，先进的工艺技术和生产流程是企业转变增长方式、转型升级的重要途径。在新的时代背景下，重新审视工艺创新的重要价值，指导企业有针对性地开展创新活动，研究不同创新战略对企业成长和价值实现的作用，这些都是值得深入探讨的课题，具有现实意义。

为了给我国制造企业合理配置研发资源提供建议，使其能够通过创新战略的协同发展，引领企业未来成长，本书主要基于技术创新管理理论与价值创造理论，立足微观层面，以我国制造业上市公司为研究对象，实证研究了两个重要问题：创新战略选择的影响因素和不同创新战略对企业成长的影响。希望这两个问题的研究结论能够为政府制定有效的技术创新政策提供参考，为中国制造企业创新战略管理与价值实现提供新的视角和理论支持，也为制造企业数字创新管理和数字转型发展提供政策建议。

1.3　研究内容与技术路线

1.3.1　关键概念界定：产品创新和工艺创新

美籍奥地利政治经济学家约瑟夫·阿洛伊斯·熊彼特(Joseph Alois Schumpeter)是第一个正式提出"创新"(innovation)这一概念并加以系统化研究的人。1912 年，他在《经济发展理论》一书中提出了创新的五种情况：①推出一种新的、消费者还未用过的产品或产品的一种新特性；②采用一种新的、生产部门还未使用过的生产技术；③开辟一类新的市场；④获取或控制原材料或半制成品的一种新的供给来源；⑤建立一种新的生产经营组织形式。工艺创新和产品创新是企业技术创新的两种重要类型，2000年，经济合作与发展组织(OECD)出版的弗拉斯卡蒂丛书中的《技术创新调查手册》，将工艺创新定义为新的或显著改进的生产或交付方式的实现，包括技术、设备和(或)软件上的重大改变，其中，"生产方式"包括用于生产产品或提供服务的技术、设备或软件，"交付方式"涉及产品从工厂车间到最终用户的相关物理运动。

1. 工艺创新的目的

国家统计局在全国工业企业创新调查中对工艺创新的界定为：工艺创新是企业为生产新的(有重大改进的)产品或提高生产效率，采用在技术上是新的(有重大改进的)工艺设备或生产方法。我国学者傅家骥(2000)认为，工艺创新是指产品生产技术的变革，包括新工艺、新设备和新的组织管理方式，工艺创新与提高产品质量、降低原材料和能源的消耗、提高生产效率有着密切的关系，而绿色工艺创新的目的主要是通过清洁生产工艺技术改造、节能减排工艺设备更新、工业废料循环利用和资源再生等途径，有效减少污染物的产生和排放，降低工业活动对环境的威胁。

2. 工艺创新包括技术创新和组织创新两个方面

工艺创新包括生产过程中的生产工具、生产方法、材料，甚至生产组织的变革(陈英，2004)。赖希施泰因和索尔特(Reichstein，Salter，2006)研究发现，英国企业的工艺创新通常涉及组织变革和技术变革两个方面。激进的工艺创新包括引进设备、新的管理实践(精益生产)以及生产流程的变革；工艺创新应该包括技术工艺创新和组织工艺创新，前者是指在生产中使用新的产品，而后者是指组织企业活动的新方式，新技术通常伴随着企业组织方式的改变(Bunduchi, et al.，2011)。

3. 工艺创新具有层次性

王伟强与许庆瑞(1993)认为，工艺创新主要在两个层次上进行：政府列入攻关计划的工艺创新以及生产中通过干中学、用中学进行的小规模工艺创新。曹砚辉和梅其君(2001)认为，企业的工艺创新可以分为三个层次：一是源于企业发展战略的工艺预创新，包括未来产品开发必需的工艺技术、符合技术发展趋势的生产工艺以及能提高产品技术水平的关键工艺；二是源于产品创新的工艺实时创新，即产品研制过程中的工艺创新；三是源于规模经济的工艺后创新，即批量生产阶段的工艺创新。工艺创新并不等于产品创新之后的工艺革新，也不等于技术改造，工艺创新是企业长期的行为，既有为未来的产品创新进行的关键工艺创新，也有为解决现实生产中的技术问题而进行的基础工艺创新，还有为加强企业总体创新能力进行的重要技术创新等(孟庆伟，孙立楠，2007)。

4. 工艺创新定位于企业内部

工艺创新能够降低企业的平均生产成本，产品创新能够增加或改进产品的功能，提高消费者的支付意愿(Cohen, et al., 1996; Lin, et al., 2002)；工艺创新解决的是怎样生产的问题，而产品创新解决的是生产什么的问题(陈英，2004)；在创造性破坏模型和熊彼特增长模型中，产品创新是企业成功进入市场的关键因素，而工艺创新则有助于企业确保市场地位(Becker, et al., 2013)。产品创新聚焦于市场，是由消费者驱动的，满足外部使用者或市场的需求，而工艺创新的焦点是企业内部，由效率驱动(Damanpour, Gopalakrishnan, 2001)，产品创新可以直接用于销售，而工艺创新离最终消费者至少有一步之遥(Maine, et al., 2012)，并不直接商业化，陈劲等(2012)指出，工艺创新主要由生产部门完成，与市场没有太大的关联。产品创新是指制造业企业在产品技术变化基础上进行的创新，工艺创新是指制造业企业在生产过程技术变革基础上进行的创新，分别体现了制造企业"做什么"和"怎么做"的问题(李健旋，2018)。

5. 工艺创新的默会性

开展工艺创新的企业要比开展产品创新的企业面临更大的不确定性，工艺创新的企业同时参与技术市场和产品市场，而开展产品创新的企业的市场关注点比较狭窄，只定位于目标市场的中下游(Maine, et al., 2012)。Gopalakrishnan和Bierly(2001)以知识观为基础区分工艺创新和产品创新，他们认为，工艺创新涉及的知识更加默会、系统和复杂，因而工艺创新的来源要比产品创新更加内部化，需要更高的实施成本，也会为企业带来可持续的竞争优势。Antonucci 和 Pianta(2002)认为，产品创新战略寻求技术竞争力，属于处于技术前沿企业的战略，而工艺创新驱动产品竞争力升级，属于已有市场的价格竞争战略，是典型成熟市场的表现。相似的观点还有 Vaona 和 Pianta(2008)，他们认为，产品创新是寻求技术竞争力的结果，工艺创新体现在价格竞争力策略中，以追求效率为主导。

参考国内外学者对工艺创新的表述，本书对制造企业创新进行了如下界定：产品创新是指新的产品形式或性能有明显改进的产品，目的是面向市场提供有竞争力的产品，提高企业的销售收入，扩大市场份额；工艺创新主要是为了降低企业的生产成本，提高效率，改善生产流程和组织灵活度，以及降低能耗和污染排放量，既包括技术性的工艺创新，如工艺技术的革新以及工具、设备的创新等，也包括管理创新，如信息化管理和提高组织柔性等。工艺创新主要服务于企业内部，满足企业自身的生产需要，其成果不能单独对外出售，而且工艺创新具有层次性，涉及从简单的工艺技术引进到战略性工艺技术开发等一系列创新活动。

1.3.2　研究方法和技术路线

战略管理研究的发展主要经历了从经典的"结构—行为—绩效"范式到"资源—战略—绩效"范式的演变。本书的研究也遵循了这一逻辑，首先研究了企业特质(规模、所有权性质、资金约束、企业年龄、所处行业、是否为出口企业、资本密集度和技术人员比例)对企业创新战略选择的影响(创新产出和创新意愿)，其次研究了创新战略(工艺创新和产品创新)对企业成长和价值实现的影响。本书的研究存在两个相互承接的阶段：一是影响企业的创新战略选择的关键因素有哪些；二是不同创新战略对企业成长具有何种影响。

在本书的研究过程中，主要采取理论研究和实证研究相结合的研究方法以实现研究目标。

1. 文献研究法

围绕研究问题和目的，系统地收集、归纳、梳理国内外与本书研究相关的研究成果，在此基础上提出研究问题，构建研究思路，为实证研究的理论假设提供依据。

2. 博弈论分析方法

博弈论分析对各个决策主体根据什么样的信息、按照何种顺序行动给予严格的数学表述。本文通过构建企业创新战略选择的二阶段动态博弈模型，研究了企业工艺创新受到哪些因素的影响，为搭建理论模型奠定基础。

3. 数理统计分析方法

实证分析方法可以定量地检验理论假设和理论模型。在收集上市公司年报数据以及手工整理专利数据的基础上，本书通过 SPSS 和 STATA 统计软件，综合使用了描述性统计、相关分析、方差分析、负二项回归模型、logistic 回归模型以及固定效应组内回归模型等统计方法对样本数据进行分析，定量研究了工艺创新的影响因素及其对企业成长的影响。

4. 案例分析和深度访谈法

案例分析和深度访谈为理论模型和实证分析的设定提供了微观层面的证据支持，有助于深入探讨中国企业的创新行为的特殊问题。本书深入剖析了上海汽车集团股份有限公司、上海振华重工(集团)股份有限公司以及三一重工股份有限公司三家装备制造企业的创新战略实践活动，从微观层面研究了后发企业不同发展阶段的创新战略选择及对企业价值实现的作用。本书还采取半结构化方式，对样本企业的高层管理人员，信息化部门、技术创新管理部门以及战略管理部门的负责人进行了深度访谈。

本书研究的技术路线主要根据图 1.1 所示的逻辑思路展开。

第1章 绪论

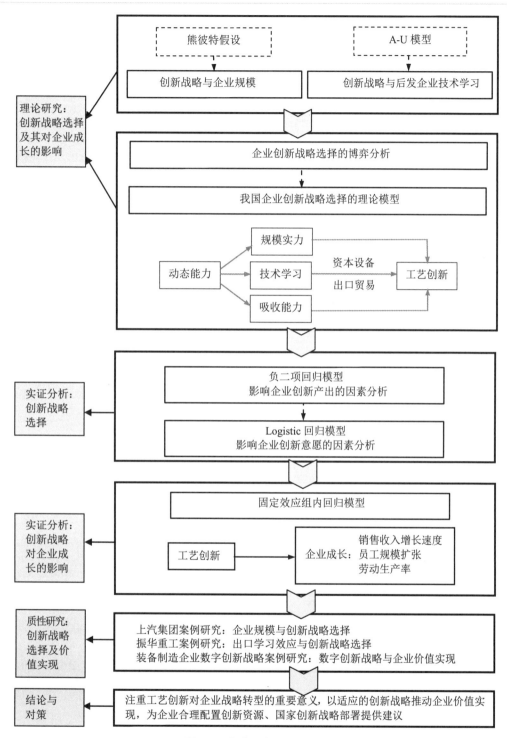

图1.1 本书研究的技术路线

1.3.3 主要研究内容

根据研究内容的安排，本书共分为10章，具体研究内容如下所述。

第1章绪论。本章首先阐述了产品创新和工艺创新研究的理论背景和实践背景，强调了研究工艺创新的重要价值，引出了本书要研究的主要问题和意义，并归纳、整理了国内外主要学者对本研究的关键变量——产品创新和工艺创新的表述。在此基础上，从内容、目的、定位及层次性等几个角度对本书中所使用的创新概念进行了界定，最后说明了本书的研究方法、技术路线以及主要研究内容。

第2章理论综述。本章系统地梳理了有关产品创新和工艺创新的理论进展，从"熊彼特假设"和"A-U模型"入手，对影响产品创新和工艺创新的规模因素和技术生命周期因素进行了梳理，强调了后发企业的创新模式是以工艺创新为先导的。另外，本章还归纳、整理了不同创新战略对企业绩效影响的研究文献，最后对相关研究成果进行评述，提出未来值得深入研究的子课题。

第3章制造企业创新战略选择的理论分析。本章基于古诺竞争下的双寡头博弈模型，获得影响企业工艺创新决策的关键因素，并结合后发企业技术学习的特点，构建起研究我国企业工艺创新战略的理论模型，为实证分析我国企业工艺创新的影响因素及其对企业成长绩效的影响提供了理论框架。

第4章制造企业创新行为的统计研究。本章首先整理并分析了中国制造业创新发展相关调研报告的统计数据；其次在工艺专利和产品专利数据收集和整理的基础上，对我国制造业上市公司产品创新和工艺创新的事实特征进行了统计研究。

第5章创新战略选择的实证研究。本章利用我国制造业上市公司2001—2020年专利数据与年报数据，首先建立起负二项式回归模型，探讨了影响企业产品创新战略选择和工艺创新战略选择的关键因素；其次利用logistic回归模型研究了不同因素对企业产品创新和工艺创新影响的差异。

第6章创新战略对企业成长影响的实证研究。本章首先利用创新选择方程得到的工艺创新概率的预测值作为工具变量,研究了工艺创新对企业销售收入增长率的影响;其次将企业前3年的专利总和作为工具变量,研究了工艺创新对企业就业人数的影响,并进一步比较了工艺创新和产品创新对企业劳动生产率影响的差异。

第7章上汽集团案例研究:企业规模与创新战略选择。本章研究了上汽集团如何选择与自身规模和技术实力发展相适应的创新战略,以及创新战略如何推动上汽集团经济绩效和市场地位的提升,验证了企业规模对企业创新战略影响的理论和实证研究结论,从微观层面为企业创新决策提供了借鉴。

第8章振华重工案例研究:出口学习效应与创新战略选择。本章研究了以出口市场为导向的振华重工如何充分利用出口市场的学习效应,匹配适应的产品创新战略和工艺创新战略,推动企业从技术学习向技术引领的转型发展,驱动出口产品竞争力升级,验证了高质量的出口市场技术学习对企业创新战略影响的理论和实证研究结论,为后发企业合理分配创新资源、实现赶超提供了经验借鉴。

第9章装备制造企业创新战略及数字化转型。本章首先梳理了数字创新战略及其价值实现的相关理论研究,并梳理了近5年赋能制造业数字化、智慧化发展的国家政策,从政策导向上分析中国制造业转型发展的方向,提出了数字创新战略及价值实现的理论模型。其次研究了三家装备制造企业:上海汽车集团股份有限公司、上海振华重工(集团)股份有限公司以及三一重工股份有限公司的数字创新战略及其对企业绩效提升、技术引领和战略转型的作用,为数字时代装备制造企业以创新战略引领数字化转型发展提供了政策建议。

第10章结论与展望。本章首先基于系统动力学模型,探究并揭示了产品创新战略和工艺创新战略与企业价值实现的动态演化规律。再对全书理论研究、实证研究和案例研究的结果进行了总结,提出了本书的研究局限和进一步的研究展望。

第 2 章

理 论 综 述

2.1 "熊彼特假设"的讨论——创新战略与企业规模

2.1.1 规模是研究企业创新行为的重要类别变量

规模集中体现了企业的特质,也反映出企业所处的外部环境,是企业创新决策时需要重点考虑的因素,是影响企业技术创新不可忽视的因素。熊彼特(1942)提出大企业是技术创新的主要来源,开启了理论界对创新与企业规模关系的广泛探讨。在新的时代背景下,企业创新行为呈现许多特质,规模是否仍旧是促进企业创新的关键变量?大企业到底是更加偏好产品创新还是更加偏好工艺创新?

企业的 R&D 能力和对 R&D 投入的态度都与企业规模密切相关(柴俊武,等,2013)。由于 R&D 资源和投资能力的限制,中小企业在基础技术研发、工艺技术研发和大规模市场开发上都不如大企业优越(池仁勇,等,2002)。大企业资金雄厚、技术人才丰富,能及时跟踪国际、国内先进的技术发展趋势,行业中有关新工艺和新产品的信息更容易被大企业获得,当缺乏实施创新必要的技能时,大企业更可能从市场上获得相关的技术人员,并快速地把技术转化为现实生产力,实现商品化;大企业更有能力通过内部或者外部融资获得研发资金,承担较大规模的研发费用,同时其庞大的生产规模也能对研发投入资金起到稀释作用,使其产品成本优势较少受到影响(汪建成,等,2008)。

规模决定了企业得益于知识外溢的程度,它与知识资本存量天然相连,对企业吸收能力起着关键的作用(Tsai,2005;Ornaghi,2006)。规模还可以通过对组织和市场的反作用来间接影响技术创新(李宇,2008),从分工理论来看,规模越大的企业,内部细化分工的能力就越强,也就越有可能带来创新。规模是影响企业升级能力的一个重要因素(戴翔,2013),当企业规模发展到一定程度时,就能获得市场实力,市场集中度的提高为大企业提供了技术创新优势。

创新与企业规模的关系一直存在着以验证熊彼特假设为核心的线性关系研究

和以倒"U"形理论为代表的非线性关系研究两种框架(李宇,等,2008),企业规模在扩大到一定程度时,对技术创新的促进作用将消失,而继续扩大规模就会对技术创新起到抑制作用,倒"U"形关系模型实质上为"熊彼特假设"限定了成立条件,但这两个理论都没有考虑不同类型技术创新的差异性。事实上,企业往往从事与自身规模相适应的技术创新活动。

2.1.2 规模对企业工艺创新战略和产品创新战略的影响

目前,理论研究关于创新战略选择和企业规模的关系主要存在三种观点:①大企业具有工艺创新的优势,小企业具有产品创新的优势;②小企业具有更高的工艺创新意愿;③两者之间的关联需要通过其他变量进行调节。

规模越大,企业就越倾向于开展工艺创新,规模经济是企业工艺创新的重要保障。大企业研发投入大,承受研发风险的能力也强,在工艺技术研发和生产流程创新中具有优势。Cohen 和 Klepper(1996)研究认为,相对于产品创新,工艺创新的成果一般不容易在市场上出售,工艺创新的收益取决于企业对该创新的应用次数,因此产量大的企业具有更大的工艺创新优势,Petsas 和 Giannikos(2005)以及 Tsai(2005)的研究结论都支持了 Cohen 和 Klepper(1996)的观点;Reichstein 和 Salter(2006)利用英国制造企业的大规模调查数据发现,规模为企业摊销和购买新设备提供了资源,会增加企业成为工艺创新者的机会,产量扩大形成的规模经济使大企业具有成本分摊优势,刺激大企业作出更大的工艺创新努力,而小企业由于不存在产量规模带来的创新成本优势,对工艺创新的投入不足(张杰,等,2007)。大规模生产能够为流程改造、能耗降低提供更为经济的改造手段,体现了渐进工艺创新对于规模的依赖(张倩肖,2014);叶林(2014)也通过研究证实,企业规模会影响创新技术的选择,产品创新通过生产新产品产生替代效应,工艺创新通过降低产品成本产生规模经济效应,较高的替代效应损失和规模经济效应使大企业倾向工艺创新,而替代效应损失较低和规模不经济使小企业倾向产品创新。

小企业可以快速响应市场需求,因而更具有产品创新优势。产品创新可能比工艺创新更适合作为一种市场进入的方式(Cohen, et al., 1996; Fritsch, et al., 2001)。

尽管研发等资源有限，但是小企业通常可以有效形成凝聚力，快速响应市场需求，开发并推出新产品，因而在产品创新上具有比较优势(Tsai，2005)。小企业即使有了较好的工艺创新思路，也有可能无法获得相匹配的先进设备，从而无法实现工艺创新，因此小企业更愿意追求新产品，通过产品创新来创造"惊喜"，而大企业更多投资于工艺创新，依赖于成本差距产生收益，这种研发行为的异质性使大企业在原始产品市场保持主导地位，而小企业更有可能成为新产品市场的领导者。孟庆伟和孙立楠(2007)研究发现，产品创新和工艺创新之间存在两种关系：一是以产品创新为主，以工艺创新为辅，以工艺创新支撑产品创新，以中小型企业为主；二是以工艺创新为主，以产品创新为辅，企业产品创新能力的提高有赖于工艺创新的开展，这种情况在大型企业中比较常见。

产品创新的技术扩散程度要远高于工艺创新，工艺创新的模仿难度较大，而小企业更宜采用"反求"等措施开展产品创新。企业在市场上出售新产品，竞争者就有机会通过反求工程进行模仿，而企业工艺创新往往以秘密的形式保护，竞争者很难获得相关的技术信息(Lunn，1987)。Ornaghi(2006)的研究结论也证实，产品创新的技术溢出要高于工艺创新，工艺创新的技术溢出渠道比较复杂，小企业更容易获得与新产品开发相关的信息，通过模仿创新，建立起竞争优势。

规模还可以反映企业拥有的市场实力。企业规模扩张将改变组织特征，即组织灵活性下降而惯性上升，还会使市场竞争程度下降，从而刺激大企业锁定原有技术轨道，成为工艺创新的主要来源，而小企业的低实践成本和高市场敏感度使其成为技术突变以及产品创新的重要来源(高良谋，等，2008，2009)。Lunn(1986)认为，市场集中度和工艺专利数量正向相关，但与产品专利数量无关，放弃具有确定性市场收益的产品及现有完善的生产体系的机会成本是巨大的，大企业把规避风险、确保行业垄断地位作为决策的首要原则，而且规模越大的企业，产品系列越丰富，产品之间关联性越强，对某一产品的创新必将打破原先产品系列的配套结构(施培公，1995)，大企业的市场力量保证其通过工艺创新就可以维持竞争优势，无须冒着巨大的市场风险开发新产品，而小企业必须凭借产品创新对在位企业发动竞争以打入市场。大企业以大规模、低成本生产抢占市场或稳定市场占有率，会投入更大的精力开发生产工艺；而中小企业以开发短、平、快的新产品抢占市场，但在产品创新实现产业化后，还需要解决许多工艺瓶颈、性能改进和质量提高等创新问题，因此许多产品往往是中小企业开发成功以后，大企业才进入该产品领域，通过改进工艺和完善制造系统，最终取得市场的主要份额(池仁勇，2002)。

大企业和小企业在资源存量、组织结构和市场力量等方面存在较大差异，因此企业技术创新战略不同。表 2.1 所示为不同规模企业具有的创新优势的比较。

表 2.1　不同规模企业创新优势比较

项　目		大企业	小企业
创新资源	资金保障	▲	
	技术力量	▲	
	生产规模	▲	
组织结构	反应程度		▲
	灵活性		▲
市场力量	竞争程度	▲	
	市场敏感度		▲

注：▲表示该类企业在此因素上具有优势。

目前，对工艺创新和企业规模关系的理论研究中仍存在不同的论断，许多学者认为，工艺创新和企业规模之间并不是简单的正向关系。工艺创新具有层次性，因此与企业规模的关系也随之表现出复杂的特征。相关研究一般把产品创新与大型创新、工艺创新与小型创新等同，以简化分析，而事实上它们并不存在一一对应关系。工艺创新是长期的行为，既有为保障未来产品竞争力进行的关键工艺创新，也有为解决现实生产中的技术问题而进行的基础工艺创新，还有为加强企业整体创新能力进行的重要技术创新等，开发战略性工艺创新需要企业具有雄厚的资金基础和技术能力，同时企业也要承担巨大的研发风险，因此只有大型企业才会有能力和意愿进行这样的工艺技术储备，但是大多数生产过程中的制造方法、生产流程或工艺模具的开发和改进更适合小企业通过"干中学"和"用中学"来进行。Vivero(2001)研究发现，规模只对那些具有产品差异化的企业的工艺创新产生重要作用，一旦获得了一定程度的"品牌忠诚度"，大企业就具备了开展降低成本的创新优势，如果企业的产品质量非常高，以至于价格(成本)不是一个战略性变量，大企业就没有动力去开展工艺创新。小企业并不具备独立开发高端产品的能力，即便其通过反求工程和模仿创新，短时间内也无法研制出某些复杂的新产品，反而有些小企业在引进和扩散工艺创新上处于有利地位，尤其是对低技术部门的小企业来说，技术获取和工艺创新发挥主导作用，高技术部门的大企业则致力于研发密集型的创新活动，主要瞄准产品创新。

目前的理论研究忽视了规模对创新行为影响的内在机理，规模对企业创新活动有可能会产生间接作用，即通过某一中介变量作用于企业创新，而这种间接作用的发生机理需要深入研究。周黎安和罗凯(2005)研究认为，企业规模对创新的促进作用主要源于非国有企业，单纯的规模化和集团化并不一定能够保证企业的创新能力，要以一定的企业治理结构为条件；吴延兵(2007)从创新投入和创新产出两个维度，梳理了半个多世纪以来关于熊彼特假说的主要理论和实证文献，并在研究中国创新问题时将产权制度因素纳入分析框架，揭示了中国经济转轨过程中产权制度与创新行为和经济增长的关系。

创新模式和规模的关系研究不能忽视企业所处的行业特性，大企业是否具有工艺创新优势需要在具体的行业背景下研究。不同规模企业的技术创新绩效取决于具体的产业与技术背景，对很多技术型企业来说，首次进入市场往往源于突变型的工艺创新(Huergo，2004)，如基于纳米技术的工艺创新，尽管大企业在专利活动中占据主导地位，但有更多小型企业在尝试使用纳米技术(Maine，2012)。中、美制造业处于不同发展阶段，中国制造业以要素投入为主要驱动要素，客观上要求企业规模不断扩张，因此，企业规模与技术创新呈现"熊彼特假设"的关系；而美国制造业在保持甚至收缩企业规模的情况下仍然能够持续创新，企业规模与技术创新之间呈倒"U"形关系。除行业之间固有的差异性对技术创新与企业规模关系产生影响外，处于行业不同演进阶段的企业，其技术创新与规模之间的关系也不尽相同(李宇，2010)，不能简单地对企业规模和创新模式进行归类，对创新规律的分析应该结合产业的属性和特定的历史阶段，探寻形成这种分布的创新源(程源，等，2003)。

虽然学者对创新模式与企业规模的相关关系在研究上尚存争议,但规模的确是企业进行创新战略选择时必须重点考虑的因素之一,规模的异质性使企业创新战略选择产生差异。如何分配有限的资源才能使创新效益最大化是企业选择创新活动时面临的重要问题,不同规模的企业只有充分发挥自身的创新优势,才能取得良好的创新绩效。

2.2 "A-U 模型"的讨论——后发企业工艺创新与技术学习

本节主要以"A-U 模型"为基础,探讨工艺创新和产品创新的匹配问题,内容包括经典的"A-U 模型"及其改进、不同条件下工艺创新和产品创新的协同发展问题,以及后发企业以工艺创新为先导的创新模式。

2.2.1 "A-U 模型"及其改进

Utterback 和 Abernathy(1975)从生命周期的视角对创新模式进行了研究,开创性地提出了基于内容划分的产品创新与工艺创新的创新类型,以及基于产业生命周期划分的流动阶段、过渡阶段和特定阶段的创新过程,从而建立了具有里程碑意义的"A-U 模型"。该模型成为日后学者在产业层面研究创新模式的范式。

"A-U 模型"针对技术生命周期不同阶段的特点,首次将产品创新和工艺创新两者结合在一起。在行业发展早期,技术和市场存在很大的不确定性,企业争相研发新产品,产品创新是流动阶段技术创新的焦点;当经历了技术动荡并出现主导设计后,未能生产出符合主导设计的产品的企业将会退出市场,现有企业对产品的改进也主要围绕主导设计进行,产品创新率迅速下降,为了赢得更加有利的市场地位,企业开始加大对产品生产工艺的重视,以降低成本和提高生产效率为核心的工艺创新就成为过渡阶段技术创新的主流;当产业进入特定阶段后,产品创新和工艺创新都从突破型转为渐进型,整个产业的创新频率开始放缓。

自"A-U 模型"提出以来,很多学者在不同情景下检验了该模型的适用性,发现并不是所有的创新模式都可以用"A-U 模型"解释。"A-U 模型"并不是一个可以广泛适用的准则,由于国家、产业及生产模式的不同,产品创新和工艺创新的作用模式及重点也不同,"A-U 模型"在很大程度上仍然是一个假设或是一个初级的理论,其理论主要来自为数不多的纵向案例分析,并没有获得广泛的数据检验(谢伟,2000),"A-U 模型"仅仅是存在于产品生命周期早期的一种可能模式(Bayus,1995)。陈伟(1996)研究发现,某些重要产业的创新是一种以工艺变化为中心的创新分布形式,"A-U 模型"并不是唯一的模式;姚志坚、吴翰和程军(1999)把市场创新、长周期状况、技术突变、产品生命周期、需求生命周期及不同国家的发展轨迹等方面纳入技术创新研究框架,针对不同的研究背景提出了A-U 改进模型;Filson(2001,2002)研究了企业数量、产品价格、产量及质量是如何随产业演化而发生改变的,他发现,质量提高并没有随着时间而减弱,而成本降低也并没有在产业生命周期后期达到峰值,这一独特的创新模式是无法用传统的生命周期模型解释的;McGahan 和 Silverman(2001)利用美国专利数据也证实了这一点,某些产业没有出现产品创新向工艺创新过渡的现象,也没有证据支持成熟产业比新兴产业或是衰退产业从事更多的工艺创新;任峰、李垣和赵更中(2003)研究发现,转型时期中国国有企业的产品创新和工艺创新的特征与经典的"A-U 模型"存在差异,在一个完整的产品生命周期中,产品创新的程度始终大于工艺创新,并且两条创新曲线呈现持续下降趋势,创新峰值都出现在成长期。

企业在选择适宜的创新战略时,应该充分考虑不同行业的特性。"A-U 模型"描述的是以产品创新为导向的持续创新过程,并不适合于描述钢铁、建材和化工原料等以工艺创新为导向的产业创新模式,这些产业的工艺创新是产品创新的先导和必要条件(毛维青,等,2012)。程源等(2003)研究了微电子产业中 DRAM 产品创新和工艺创新的分布模式,他们发现,根本性产品创新和根本性工艺创新呈现同步演化的规律。蔺雷和吴贵生(2004)改进了 Barras 提出的"逆向产品周期"模型,他们认为,服务产业创新活动的演进规律是从效率增强型的渐进性过程创新开始,经过质量提高的根本性过程创新,直至出现新服务的产品创新。Linton 和 Walsh(2008)指出,当研究产品创新和工艺创新的关系时,为确保使用正确的模型，考虑产品的技术性质是十分必要的，对于以工艺为基础的产品，工艺创新和产品创新在产品生命周期内是紧密相连的。

在企业发展的过程中，工艺创新和产品创新并不是简单的谁占主导的问题，两者通常是协同进行的。如果单方面强调制造业产品创新的重要性而忽视工艺创新，则会使制造业企业生产工艺落后，生产的产品质量差，资源利用效率低，从而使制造业企业对技术创新成果的吸收能力降低，技术引进效益差；如果单方面强调制造业工艺创新，则会使制造业企业的产品过于单一，无法满足人们日益增长的消费需求，使企业失去在产品市场中有利的竞争地位(李健旋，2018)。Hayes 和 Wheelwright 的产品—工艺矩阵(1979)表明，当选择工艺创新时，需要考虑产品特性，产品创新和工艺创新之间存在互补性，几乎没有企业只开展工艺创新，工艺创新的经济价值很可能包含在产品创新中(Tang，2006)，工艺创新和产品创新在许多方面都是相互联系的，72.2%的被调查者认为产品质量改进是工艺创新的一个重要目标(Fritsch，2001)，突变的产品创新者通常也是工艺创新者(Reichstein, et al., 2006)，技术创新过程始终存在着为解决生产过程瓶颈而进行的工艺创新，工艺创新是为满足新产品开发需求的，但它不只是追随产品创新，而是产品创新的基本依托(孟庆伟，等，2007)，产品创新和工艺创新的协调发展是企业创新效益实现的基础(郭斌，等，1997)。Lin 和 Saggi(2002)研究发现，工艺 R&D 投资随着产品差异化程度而增加，当企业开展工艺 R&D 时，产品 R&D 投入也会增多，两者是相互强化的，即使在市场条件不允许大规模的成本降低或需求扩张的情况下，企业同时投资这两种创新活动也要比仅实施其中一种创新活动获得更高的利润(Mantovani，2006)。Lambertini 和 Mantovani(2009)利用动态博弈模型发现，达到稳态均衡前，工艺创新和产品创新或创新组合之间存在替代关系，而之后的最优 R&D 投入只会出现互补关系；工艺创新使企业的边际生产成本降低，为高质量产品创造生产条件，同时也加剧了企业间的竞争，激励企业采用产品差异化策略(冯磊东，等，2018)。

2.2.2　后发企业以工艺创新为先导的创新模式

发展中国家的技术生命周期模型起步于 20 世纪 70 年代末 80 年代初，体现在技术学习的研究中,主要在于发现发展中国家技术发展和进化的规律(谢伟,2000),基于 A-U 模型的创新形式与技术学习过程缺乏明确的对应关系,追赶和学习新的技术创新形式是研究发展中国家创新过程的难点之一(李靖华,等,2002)。

后发企业的创新模式往往表现出一种与经典的"A-U 模型"相反的形式,即后发企业的工艺创新先导于产品创新。吴晓波(1995)研究认为,技术后发企业的创新过程具有典型的二次创新特征,是一个反向的技术能力积累过程,二次创新始于系统生产技术的引进,意味着新工艺的采纳,生产是完全按照引进技术的标准而进行的,为了减少对技术母国的依赖,后发企业通过国产化提高了产品和工艺的设计能力,这一过程仍以维持引进产品性能的工艺创新为主,当技术引进主体具备了一定的生产能力后,可以进行引进产品新功能的开发,扩大引进技术的应用领域,企业开始重视产品创新。李靖华、葛朝阳和吴晓波(2002)的研究结论表明,技术后发国家的技术创新过程是一个追赶和技术学习的过程,以技术引进为手段、以生产能力为中心,创新更多地表现为过程创新和生产能力的积累、完善,成功的技术后发企业突破了经典的产业创新模式,其创新类型和创新频率表现为一个反向的"A-U 模型",实现了由过程创新向产品创新过渡的多轮次的技术能力积累,最终获得与始发国同步的技术能力和技术水平,进入正常的技术创新过程;柳卸林和李艳华(2009)也得出了类似的研究结论,后发企业普遍采用反向追赶的发展路径,首先积累生产能力,并通过对外部技术的消化和吸收逐步掌握技术创新能力,是由常规性技术能力向创新性技术能力转化的过程;毛维青、陈劲和郑文山(2012)研究认为,"A-U 模式"是以发达国家自主创新为特征的技术创新模式,没能充分揭示发展中国家技术创新的内在规律性,与国外技术差距越大,产品创新和工艺创新受制于国外技术主导设计程度就越大,工艺创新就越先导于产品创新,反之就越接近"自主创新"模式,即符合"A-U 模式",我国企业最初的技术发展往往源于引进技术,表现为工艺创新早于产品创新的技术发展模式。

在企业发展的不同阶段,工艺创新和产品创新表现出不同的内容,这在一定程度上是由企业的规模实力和技术学习能力决定的。

王伟强和许庆瑞(1993)将发展中国家技术创新的发展分为四个阶段，深入分析了不同阶段工艺创新的内容。研究开发阶段的工艺创新在于尽快实现工艺变革，将创新产品投入生产；在小批试制试用阶段，工艺创新以保证产品质量为根本目标，不断进行局部的工艺调整；定性阶段的工艺创新是以低成本和扩大创新产品的应用为导向，这一阶段的工艺创新和产品创新相互交织、相互支持；在发展阶段，已有技术范式下的工艺创新机会下降，必须引进新的技术范式，实现对旧技术范式的扬弃，这不仅有利于企业生产率的提高，而且有利于企业创新能力的提高，如图 2.1 所示。

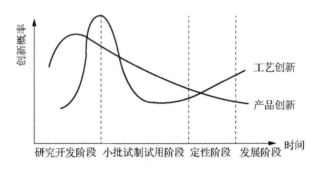

图 2.1 产业发展阶段与创新频率

资料来源：王伟强，许庆瑞. 企业工艺创新的源与模式研究[J]. 科研管理，1993(5)：50-56.

Qingrui、Jin 和 Bin(1998)将中国企业的创新模式归纳为"3I 模式"(imitation、improvement 和 innovation)，即模仿、改进和创新，这是大多数中国企业至关重要的技术发展路径。该模式下工艺创新和产品创新表现出的规律与"A-U 模型"相反，早期工艺创新要比产品创新重要得多，之后产品创新变得更加关键。

程源、高建和杨湘玉(2003，2005)研究发现，许多后发国家的产业体现出与"A-U 模型"反向的发展模式，这类产业大都建立在对国外技术引进的起点上，先通过工艺创新建立规模经济和低成本优势，进而通过产品创新形成差异化的市场竞争优势。"A-U 模型"是一种发达国家以原创性技术创新为推动的产业创新规律，而后起直追国家只有具备了一定技术能力后才能进行产品创新。在产业发展初期，企业的技术能力较低，需要对国外技术进行消化、吸收，创新的焦点在于渐进性工艺创新，产品创新较少；随着企业技术能力的逐渐提高和市场竞争的加剧，企业提高生产效率的同时开始注重渐进性产品创新，竞争的焦点向产品多样化方向发展；当技术能力发展到一定水平之后，国内外市场竞争更加激烈，单纯依靠工艺创新难以保持企业的市场地位，提高产品性能和附加值成为竞争的焦点，企业创新开始向重大产品创新转变。

古利平和张宗益(2006)认为，中国制造业创新模式分为三个阶段，如图 2.2 所示。在产业形成阶段，国内制造企业大多直接引入国外已经成熟的产品，利用自己的制造技术生产出来，国产化体现了大量的工艺创新；在产业快速发展阶段，工艺创新仍是技术创新的重点，企业采取先进的专用制造设备提高产量、降低成本和提高质量，产品创新以模仿为主，独占性弱；在产业创新升级阶段，工艺创新继续深入，但产品创新成为技术创新的主流，经过该阶段的发展，中国产业演进特征与发达国家趋于一致。

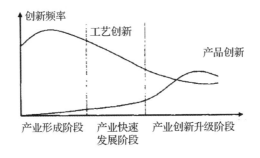

图 2.2 中国制造业创新模式的三个阶段

资料来源：古利平，张宗益. 中国制造业的产业发展和创新模式[J]. 科学研究，2006(2)：202-206.

汪建成、毛蕴诗与邱楠(2008)研究认为，格兰仕的技术能力构建是从非专有性工艺技术开始，逐渐加大对产品创新能力的培育；Forbes 和 Wield(2008)指出，成功的追赶企业突破了典型的产业创新模式，其追赶路径是从非专用性工艺创新开始，以原始设备制造(OEM)的形式学习如何有效地生产，提高制造水平以及产量，成为以工艺创新为主导的追随者，最终发展到自行设计制造(ODM)，甚至是自有品牌制造商(OBM)，实现了从工艺创新向产品创新的转化，提高工艺能力对追赶企业来说是至关重要的。臧树伟和陈红花(2019)将本土企业实现"换道超车"的创新战略分为三个阶段：市场进入阶段的创新重点在于通过技术引进、二次创新等方式快速推出原型产品；技术突破阶段的创新重在通过独立研究、自主开发等方式打造具有自主知识产权的创新成果；全面超越阶段的创新聚焦于如何提升企业的技术话语权和市场话语权。后发企业不断转换创新范式，从先期的借助技术完成追赶到后期的借助市场完成超越，最终成功实现了转型升级(刘海兵，许庆瑞，2018)。

技术后发国企业与技术始发国企业在技术能力和创新目标上存在极大的不同，因而企业创新战略也存在很大差异。在中国情境下，后发企业的技术创新战略经历了从工艺技术和设备的引进到一般工艺改进再到战略性工艺创新的演进过程。表 2.2 所示为技术后发企业创新模式的主要研究结论。

表 2.2 技术后发企业创新模式的主要研究结论

研究者	研究结论
Qingrui、Jin 和 Bin (1998)	中国企业早期，工艺创新要比产品创新重要得多，发展后期，产品创新变得更加关键
李靖华、葛朝阳和吴晓波(2002)	成功的技术后发企业突破了经典的产业创新模式，其创新类型和创新频率表现为一个反向的"A-U 模型"，企业不断地进行技术学习，实现由过程创新向产品创新过渡的多轮次的技术能力积累过程
程源、高建和杨湘玉(2005)	技术后发国家只有具备了一定的技术能力后才能进行产品创新，企业创新的焦点是由渐进性工艺创新到重大的工艺创新，最后开始向产品创新转变
古利平和张宗益(2006)	在产业形成阶段，国内制造企业大多直接引入国外已经成熟的产品进行生产，国产化体现了大量的工艺创新；在产业快速发展阶段，企业采取先进的专用制造设备提高产量、降低成本和提高质量，工艺创新仍是重点；在产业创新升级阶段，产品创新成为技术创新的主流
Forbes 和 Wield(2008)	成功的追赶企业突破了典型的产业创新模式，从非专用性工艺创新开始，逐渐发展到专有技术和产品创新，实现了从工艺创新向产品创新的转化
毛维青、陈劲和郑文山(2012)	与国外技术差距越大，工艺创新就越先导于产品创新，反之就越接近"自主创新"模式，即符合"A-U 模型"，我国企业最初的技术发展模式呈现工艺创新早于产品创新的特点
刘海兵和许庆瑞(2018)	技术后发企业不断转换创新范式，从先期的借助技术完成追赶，到后期的借助市场完成超越，最终实现转型升级
臧树伟和陈红花(2019)	市场进入阶段的创新重点在于通过技术引进、二次创新等方式快速推出原型产品，技术突破阶段的创新重在打造具有自主知识产权的创新成果，全面超越阶段的创新聚焦于如何提升企业的技术话语权和市场话语权

2.3 创新战略的价值实现

新古典经济增长理论(neoclassical growth theory)与内生经济增长理论(endogenous growth theory)都强调了技术进步对经济增长的促进作用。大量文献的研究成果都证实企业创新活动对经济绩效具有促进作用,但是分类检验工艺创新和产品创新对企业绩效不同影响的文献仍不够丰富,尤其是国内相关研究非常有限。本节从企业产出绩效、就业水平和劳动生产率三个角度系统梳理了工艺创新和产品创新对企业价值实现的不同影响,为后续的实证研究提供了理论指导。

2.3.1 工艺创新对企业产出绩效的影响

目前,理论研究关于不同创新战略对企业产出绩效的影响主要存在三种观点:①工艺创新和产品创新都可以促进企业的产出绩效,但两者作用方式不同;②产品创新对企业产出绩效的影响更为突出;③工艺创新是企业提高产出绩效的关键。

无论是工艺创新还是产品创新都可以提高企业的产出绩效,但是驱动力不同。产品创新带来的经济效益往往是直观的、有形的,主要体现在新产品销售收入、新产品利税总额、新产品出口创汇总额等指标上,而工艺创新的经济效益比较间接,往往是无形的,如企业工艺流程的改善、劳动生产率的提高、产品生产成本的降低等。工艺R&D降低了生产的边际成本,产品R&D提高了消费者的支付意愿,产品创新可以使企业迅速获得收益(徐二明,2011)。Vivero(2002)认为,产品创新能够开发新市场或者扩大现有市场,而工艺创新的目的是变革现有产品的生产流程以节约开支、减少缺陷和废料、缩短开发周期及提高生产效率,最终提高企业销售收入和利润。

一部分学者认为,产品创新的经济效果更加明显。Cohen和Klepper(1996)认为,产品创新可以从生产许可中获得回报,带来更快的产量增长;而工艺创新不容易进行市场交易,因此产生较少的绩效增长。Li、Liu 和 Ren(2007)认为,尽管工艺创新可以帮助企业提高竞争地位并快速产生切实利益,但产品差异化提供的市场优势会持续更长时间,为了能够引领竞争,我国国有企业应该首先选择产品创新,产品创新是创新绩效的关键,也是工艺创新对创新绩效产生正向作用的桥梁(Gunday,2011);Goedhuys 和 Veugelers(2012)研究认为,产品创新能够带来更高的销售增长率,单纯的工艺创新而不引进新产品是无法有效刺激高销售增长的。

还有一些学者持不同观点,他们认为,工艺创新才是企业绩效增长的关键。工艺技术水平不仅对企业的产品质量至关重要,而且影响着企业生产的物耗、能耗和效率,决定着企业经济效益的优劣(曹砚辉,等,2001),更新生产流程和变革生产方式能够降低企业的生产成本,提高产品质量和劳动生产率,进而扩大企业的获利能力,使企业的市场竞争力得到提高(孟庆伟,等,2007)。工艺创新一旦获得技术突破,将为制造企业带来更持久的竞争优势,因为工艺创新的默会性使其难以被模仿,而成功的产品创新会被竞争者"反求"。Forbes 和 Wield(2008)研究认为,工艺创新能为技术后发企业带来生产优势,短期内将创新资源聚焦到非专有性工艺创新可以获得成功。康丽和石盛林(2012)以 201 家江苏民营制造企业为研究样本发现,工艺创新对企业绩效的影响强度要高于产品创新;徐欣(2013)强调,我国企业不能盲目地放弃或减少对现有产品技术的改进,应该根据企业现有技术的生命周期适时进行工艺创新,充分获取技术升级产生的成本竞争优势,并通过技术升级投资增强技术消化吸收能力,进而赚取更多的利润。

2.3.2 工艺创新对就业水平的影响

工艺创新可以替代劳动力,从而使企业的就业水平下降,但同时工艺创新带来的成本下降会提高企业产品的需求,从而刺激员工规模扩张。员工增长主要来源于旧产品的销售增长(工艺创新的"价格效应")和新产品的销售扩张(产品创新的"市场效应"),对员工需求增长有阻碍作用的因素主要是旧产品生产效率的提高(工艺创新的"生产率效应")与新产品对旧产品的替代(产品创新的"替代效应")(杨晔,2019)。

工艺创新的补偿效应超过了产品创新的替代效应,从而增加了对人员的需求。无论是工艺创新还是产品创新对员工数量增长都具有积极作用(Lachenmaier,Rottmann,2011;Evangelista,Vezzani,2012)。黄解宇、孙维峰和杨朝晖(2013)利用2009—2011年中国制造业上市公司的面板数据研究发现,创新对就业增长存在显著的滞后效应,且这种滞后效应的影响要远高于当期效应,从长期来看,创新有助于促进就业增长;Harrison等(2014)基于20 000个来自法国、德国、西班牙和英国制造业和服务业的随机样本研究表明,工艺创新提高了劳动生产率,从而降低了就业需求,但它带来的价格下降刺激了旧产品需求的增加,弥补了工艺创新的替代效果,总体上工艺创新可以提高就业水平。发展中国家就业的增长主要来源于旧产品产量的增加,这说明工艺创新对企业员工数量具有促进作用(吴翌琳,2015)。Waheed(2017)研究了孟加拉国和巴基斯坦两个国家,他发现,科技型企业的产品创新和工艺创新都对雇佣需求增长起到了刺激作用。

还有一些学者持相反观点,他们认为工艺创新会对劳动力产生替代效应,阻碍员工人数的增长。Antonucci和Pianta(2002)利用1994—1996年欧洲创新调查的数据和同一时期经济合作与发展组织(OECD)的宏观经济数据,从8个欧洲国家的部门层面分析了创新的就业效应,结果表明,工艺创新的就业效应和产品创新的就业效应相反,工艺创新提高生产率并且替代劳动力,产品创新创造新的市场、生产和工作机会,工艺创新的主导地位解释了20世纪90年代后期欧洲相对高的失业水平;Zuniga和Crespi(2013)研究了阿根廷、智利和乌拉圭制造企业的创新对就业增长的影响,他们研究发现,产品创新由企业内部技术投资推动,与人员增长呈显著正相关,而工艺创新通常被视为以节省劳动力为目的的成本削减战略,对员工人数的影响很小甚至为负。朱峰(2016)认为,在行业层面上,只有产品创新能创造更多就业机会,而工艺创新创造的就业机会是以竞争对手员工流失为代价的,因此行业层面上工艺创新的就业效应为负。

创新对就业的影响取决于企业规模和所处行业。Evangelista和Savona(2003)利用1993—1995年意大利创新调查的数据,强调信息与通信技术(ICT)作为一项重要的工艺创新,对就业产生了多样化的影响,积极效应出现在知识密集型的部门,而消极影响出现在金融相关部门、资本密集型的服务行业以及传统的服务机构；Bogliacino 和 Pianta(2010)研究发现，小企业和低技术部门的企业的就业替代效应相对微弱。

2.3.3 工艺创新对劳动生产率的影响

Vivero(2002)认为，企业的工艺创新能力对劳动生产率的增长具有积极的显著影响，引进工艺创新可以给中小企业带来额外的劳动生产率增长；Reichstein 和 Salter(2006)认为，工艺创新解释了大部分的劳动生产率增长和产业变革；Hall、Lotti 和 Mairesse(2009)的研究结论也证明工艺创新比产品创新对劳动生产率的影响力更大，制造业工艺创新主要表现在生产过程中引进新的生产技术，采用新的或重大改进的生产方式或生产工艺，对现有的生产工艺流程进行改造或变更，目的就是提高制造企业劳动生产率(李健旋，2018)。短期内工艺创新比产品创新的劳动生产率要高，但长期来看，产品创新更有可能改进生产效率(Keunjae，et al.，2007)。Cassiman 和 Golovko(2010)实证研究发现，西班牙制造企业的产品创新而不是工艺创新对企业生产效率产生重大影响。

综上所述，无论是从企业产出绩效、就业水平方面还是从劳动生产率方面，工艺创新对企业绩效的影响都存在着对立的观点，相互矛盾的理论观点为未来的研究提供了空间。

2.4 文献评述

本章从检验"熊彼特假设"和"A-U模型"出发，通过对国内外研究成果的系统梳理和评述，研究了影响后发企业创新战略决策的两大关键因素：企业规模和技术学习，尤其是关注了技术后发企业以工艺创新为先导的独特创新模式。另外，从企业产出绩效、就业水平和劳动生产率三个角度归纳了工艺创新和产品创新对企业成长的不同影响。通过对相关文献的梳理可以看出，目前专门针对工艺创新的研究文献还很有限，仍存在许多值得深入研究的子课题。

首先，识别影响后发企业创新战略选择的关键因素。

目前，学术界对驱动企业创新的关键因素的研究尚比较薄弱，尤其是较少关注后发企业的工艺创新行为，忽视了对中国企业工艺创新的研究。在新的时代背景下，企业的创新行为表现出许多不同的特点，规模是否仍旧可以促进企业的工艺创新行为？在我国转型经济的背景下，国有企业是否更倾向于开展工艺创新活动？大量资本投资是否促进了我国企业的工艺创新？在开放的经济环境下，出口贸易中的技术学习是否会影响到企业的工艺创新？这些因素确实对企业工艺创新行为产生了重大影响，但尚未得到深入研究，因此研究我国企业工艺创新的影响因素具有重大的理论价值和实践意义。

其次，规模对工艺创新影响的内在机理研究。

目前，文献鲜有研究规模对企业创新的作用机理。大企业不仅具有雄厚的资源实力，还可以直接激励企业的创新活动，同时企业规模越大，就越有可能吸收外部的技术溢出，增强后发企业的技术学习效果，从而对企业的创新活动产生间接的促进作用，而规模对企业创新行为的这种间接促进作用尚未得到充分认识，间接作用的发生机理需要深入进行研究。

再次，后发企业工艺创新模式的研究。

由于规模实力和技术学习能力等存在差异，在不同的发展阶段，企业的工艺创新有不同的表现形式，后发企业通常以引进先进的工艺设备和制造技术来开启技术创新过程，以渐进性的工艺改进培养生产能力。随着对已有技术范式的深入理解和学习，技术能力逐渐提高，企业开始注重战略性工艺能力的积累，以应对技术范式的更替，从而实现自主创新和技术的跨越式发展。目前，从微观层面研究后发企业工艺创新演化轨迹的文献还很少，这也容易使企业忽视工艺创新的重要作用，因此对技术后发企业工艺创新模式的研究还有很大的空间。

最后，工艺创新对企业成长影响的研究。

目前，现有文献缺乏对技术创新与企业规模关系的动态研究，技术创新会促进企业规模增长，企业规模也会影响技术创新的演进轨迹。企业规模对技术创新的作用程度较大；而技术创新对企业规模的作用程度相对较小，且存在滞后现象，创新是否有利于企业的销售规模增长、员工规模扩张以及劳动生产率提高有待于深入检验。另外，重点研究工艺创新对企业成长的作用也可以弥补当前理论界和企业界对工艺创新重要价值的忽视。

因此，本书试图在国内外学者取得成果的基础上，主要基于技术创新管理相关理论，对制造企业创新战略的演进及对企业成长绩效的影响进行理论研究与实证研究，尤其是对工艺创新及其绩效的研究进行拓展和补充，并考虑到数字经济对制造企业创新战略及其价值实现的挑战，主要研究方向如下。

第一，识别影响后发企业创新战略选择的关键因素。

第二，工艺创新和产品创新对企业成长的不同影响。

第三，后发企业在追赶和赶超阶段的创新模式。

第四，数字创新战略及制造企业数字转型的价值实现。

第 3 章

制造企业创新战略选择的理论分析

3.1 创新战略选择的博弈理论基础

3.1.1 市场特征与创新战略选择

从博弈的角度研究市场竞争影响企业创新战略选择的文献十分丰富，不同的市场结构对产品创新和工艺创新存在着显著的差异化影响。

Lin 和 Saggi(2002)的研究认为，伯川德竞争下的企业有更强的产品 R&D 动机，而古诺竞争下的企业更多地投资于工艺 R&D。Weiss(2003)的研究结果显示，生产相似产品(竞争激烈)的企业偏好产品创新，如果产品存在差异化，企业则倾向于工艺创新。Rosenkranz(2003)在古诺竞争范式下分析了企业的创新选择，结果发现，如果消费者支付意愿较高，投资会偏向产品创新，当市场对一项新技术的需求不是很迫切但市场潜力巨大时，产品创新会居于主导地位，而在性能标准已经确立且价格成为竞争成功的关键时，工艺创新就会取代产品创新。陈英(2003)的研究显示，在产品的市场需求增长尚未达到边界并能够进一步降低成本的情况下，企业可以选择生产过程创新，在市场需求增长已经临近边界并具备产品创新能力的情况下，企业应该选择产品创新。Bandyopadhyay 和 Acharyya(2004)认为，消费者偏好多样化不显著且(或)存在大量低端消费者时，企业更可能单独开展工艺创新。Mantovani(2006)的研究显示，对于技术成熟的产品，进一步改变市场需求的可能性受到限制，企业将会关注工艺创新，而新进入市场的产品通常对消费者具有吸引力，产品创新更加有利。郑锦荣与屠梅曾(2008)分析了垄断企业在被保护和被威胁两种不同市场状态下的过程创新和产品创新模式偏好，研究发现，在被保护垄断状态下，企业更偏好于过程创新，在被威胁垄断状态下，如果进入者的新产品竞争力强，企业将偏好产品创新，否则企业会倾向于过程创新。Chen 和 Sappington (2009)的研究认为，下游古诺竞争可以更加有效地激励垂直一体化的供应商从事工艺创新。

3.1.2　企业特质与创新战略选择

　　Boone(2000)认为，竞争压力对企业创新投资的影响取决于企业自身的特性，对热切和努力奋斗的企业来说，压力增加会产生较高的工艺创新投资；对自满和消沉的企业来说，竞争压力降低了其改善效率的动机。Petsas 和 Giannikos(2005)假设企业处于产品研发范式，随着对产品创新重视程度的提高，开展工艺创新的动机也会增加，但如果处于工艺 R&D 范式，企业将会无限期地进行工艺 R&D。Lambertini 和 Mantovani(2009)利用动态博弈模型研究发现，当垄断厂商进行组合创新时，如果保留价格相当低，企业就会将大量资源配置到工艺创新。Filippini 和 Martini(2010)分析了生产垂直差异化产品的垄断厂商的创新选择，在伯川德竞争下的高(低)质量企业选择产品(工艺)创新，而在古诺竞争下的企业的选择正好相反。Lambertini 和 Mantovani(2010)利用微分博弈模型研究发现，企业创新活动取决于产品最初的同质化水平及边际生产成本，产量竞争(古诺)下的产品创新和工艺创新都要多于价格竞争(伯川德)的情况。曾武(2012)基于纵向产品差异化的双寡头市场模型，研究了企业创新能力、市场竞争程度，以及产品质量和企业创新模式之间的关系，结果显示，企业产品创新能力越强，选择产品创新的可能性越大，当企业产品创新能力下降到一定程度时，高质量企业在古诺竞争中首选工艺创新，低质量企业在伯川德竞争中首选工艺创新。

3.2　创新战略选择的博弈分析

　　本节考虑了 R&D 阶段可能存在的技术溢出及企业的创新能力，构建起古诺竞争环境下(产量竞争)工艺创新和产品创新选择的博弈模型。同时，本节将工艺创新简化为降低成本的创新，认为产品创新的效果是提高了产品的差异化程度，并利用两个阶段完全信息动态博弈的逆向回归法探讨了影响企业最优工艺创新水平的因素，为下一步的理论模型提供了数理基础。

3.2.1 博弈模型设定

一个个体的行为可能影响其他个体的利益,进而影响其策略选择。博弈论是用来研究在利益相互联系的环境中,个体行为及这些行为间的交互影响,以分析参与人策略选择(行为)和均衡结果(绩效)的重要方法。

在博弈论中,G 表示一个博弈,每个参与人全部可选策略的集合为"策略空间",也可以称为参与人的行动可行集,分别用 $S_1, S_2, \cdots, S_n$ 表示,$S_{ij} \in S_i$ 表示博弈参与人 i 的第 j 个策略,其中 j 可取有限个值,也可取无限个值;参与人 i 的得益用 u_i 表示,是参与人策略的得益函数。

在博弈 G 中,对由各个博弈参与人组成的某个策略组合 $(s_1^*, s_2^*, \cdots, s_n^*)$ 来说,假定其他参与人策略选择不变,任一参与人都没有改变自己 $G = \{S_1, S_2, \cdots, S_n; u_1, u_2, \cdots, u_n\}$ 这一策略选择的意愿,或者说任一参与人 i 的策略 s_i^* 都是相对于其他参与人策略组合 $(s_1^*, s_2^*, \cdots, s_{i-1}^*, s_i, s_{i+1}^*, s_{i+2}^*, \cdots, s_n^*)$ 的最佳策略,也即 $u_i(s_1^*, s_2^*, \cdots, s_{i-1}^*, s_i, s_{i+1}^*, \cdots, s_n^*) \geqslant u_i(s_1^*, s_2^*, \cdots, s_{i-1}^*, s_{ij}, s_{i+1}^*, \cdots, s_n^*)$ 对任意 $S_{ij} \in S_i$ 都成立,则称 $(s_1^*, s_2^*, \cdots, s_n^*)$ 为 G 的一个"纳什均衡"(谢识予,2002)。

制造企业面临的两个主要问题是"做什么"和"怎么做",同时也涉及了产品创新和工艺创新的问题。当面临 R&D 资源约束时,企业就需要依据利润最大化原则,选择最适合的工艺创新水平和产品创新水平,即追求最优的生产成本和最优的产品差异化程度,构成一个典型的企业创新战略选择的博弈模型。为了简化分析,本章博弈模型中的两个企业并不混合采用工艺创新战略和产品创新战略,即博弈中每个企业都有两个可选择的策略空间:是否进行工艺创新或是否进行产品创新,即 S_i={工艺创新,不创新}或 S_i={产品创新,不创新}。本章主要研究企业的第一个策略空间,即工艺创新选择问题。为了方便研究,本章对博弈模型作出如下假设。

(1) 假设某一产业由两家生产企业构成,两家企业地位对等,不考虑行动的先后顺序,双方都试图通过创新来获取竞争优势。

(2) 假设企业生产规模收益不变，不考虑固定成本，因此边际成本不变且等于单位生产成本；假设博弈模型中的两家企业的初始单位成本不同，反映了生产规模的差异。

(3) 利用生产成本的变化来衡量企业的工艺创新，并假设消费者偏好产品多样化，即企业产品创新是为了形成水平化差异，新产品并不一定优于旧产品，而只是与旧产品形成差异(Rosenkranz，2003)。

(4) 假设各个厂商在决策前都无法预知其他企业的决策，在给定其他厂商的工艺 R&D 水平、同时兼顾第二阶段利润的情况下，各个参与人同时、独立选择 R&D 活动和生产活动以实现利润的最大化，另外假定需求函数、技术溢出系数和成本等均为双方共同知识，因此该博弈是一个典型的完备信息的两阶段博弈。

基于以上假设，本章构建起生产水平差异化产品的双寡头垄断企业工艺创新的两个阶段非合作动态博弈模型：第一阶段为研发阶段，两家企业同时选择工艺创新水平，以达到最优的生产成本，并考虑了可能的技术溢出和企业的创新能力问题；第二阶段为产出阶段，给定第一阶段的研发活动，两家企业按照利润最大化原则，在产品市场上进行古诺竞争，独立决定各自的产量 q_i。均衡结果是一个子博弈纳什均衡，可以采用逆向归纳法求解，首先分析企业第二阶段的产量决策。

3.2.2 产出阶段均衡分析：创新战略对企业销售绩效的影响

假设企业进行创新活动之前生产无差异产品，并参与古诺市场竞争，面临线性反需求函数的表达式为

$$P = a - q_i - q_j \quad (i, j=1 \text{ 或 } 2, i \neq j) \tag{3-1}$$

两家企业利润最大化的产量表达式分别为

$$q_1^* = \frac{a + c_2 - 2c_{01}}{3}; \quad q_2^* = \frac{a + c_1 - 2c_{02}}{3} \tag{3-2}$$

其中，q_1 和 q_2 分别是企业 1 和企业 2 的产量，c_1 和 c_2 分别是企业 1 和企业 2

的边际生产成本，c_{01} 和 c_{02} 分别表示两家企业的初始生产成本。

当企业开始进行降低成本的工艺创新及提高产品差异化程度的产品创新时，双寡头垄断企业面临的线性反需求函数表达式为

$$P_i(q_i, q_j, \delta_i) = a - (q_i + \delta q_j), \quad (i, j = 1 \text{ 或 } 2, i \neq j) \tag{3-3}$$

$a > 0$，p_i 和 q_i 分别表示企业 i 的价格和产量，$\delta \in [0,1]$ 度量了产品的替代程度，δ 越高，产品的替代率越高。当 $\delta = 0$ 时，产品之间不相关；而当 $\delta = 1$ 时，两家企业的产品可以完全替代。企业开展产品创新带来的效果是使产品间的替代程度下降，即产品创新降低了 δ。

在给定第一阶段 R&D 策略后，企业开始在第二阶段进行古诺产量竞争，企业 i 的利润函数表达式为

$$\pi_i(q_1, q_2) = q_i p_i(q_i, q_j, \delta_i) - c_i q_i \tag{3-4}$$

求解 $\dfrac{\delta \pi_i}{\delta q_i} = 0$，得到第二阶段的古诺均衡产量表达式为

$$q_i^* = \frac{2(a - c_1) - \delta(a - c_2)}{4 - \delta^2} \tag{3-5}$$

其中，c_1 和 c_2 分别为两家企业工艺创新后的单位生产成本。

求解 q_i^* 关于边际成本的 c_i 一阶导数，可得企业工艺创新的最优水平表达式为

$$q_i^*(c_i) = -2/(4 - \delta^2) < 0 \tag{3-6}$$

从式 3-6 的结果可以得出，一阶导数小于零意味着每家企业的最优产量会随着自身边际成本的下降而提高，边际成本的降低直接源于企业的工艺创新。因此企业的工艺创新投入越多，销量就越大，市场份额也就越多。

为了获得企业产品创新的最优水平，需要求解 q_i^* 关于产品替代率 δ 的一阶导数，其表达式为

$$q_i^*(\delta_i) = \frac{2q_2^* - \delta q_i}{\delta^2 - 4} \tag{3-7}$$

当 $\frac{\delta}{2}q_i^* < q_2^*$，$q_i^*(\delta_i) < 0$；当 $\frac{\delta}{2}q_i^* > q_2^*$，$q_i^*(\delta_i) > 0$；当 $q_i^* = q_2^*$，$q_i^*(\delta_i) = \frac{-q_i^*}{2+\delta} < 0$。

如式 3-7 所示，产量与产品替代度 δ 之间不存在单调的关系，产品创新对企业销售规模的影响是不明确的。只有当两家企业的均衡产量相等或 $\frac{\delta}{2}q_i^* < q_2^*$ 时，产品创新越多，企业的均衡产量才会越高。

3.2.3 创新阶段博弈均衡分析：影响创新战略选择的关键因素

创新阶段博弈均衡分析主要研究企业的工艺创新决策，在研发阶段，两家企业同时选择最优的边际成本水平。考虑到 R&D 阶段可能存在的技术溢出，企业实际的 R&D 水平应该包括自身 R&D 与吸收其他企业 R&D 两个方面，即企业 i 实际的工艺创新水平为：$x_i + \beta x_j (i, j=1,2; i \neq j)$

假定企业的边际生产成本降低水平与工艺创新水平一致，则企业 i 开展工艺创新后的边际生产成本 c_i 表达式为

$$c_i = c_{0i} - x_i - \beta x_j \quad (i, j=1,2; i \neq j) \tag{3-8}$$

其中，x_i 为企业 i 的工艺 R&D 带来的成本降低，βx_j 为企业 j 工艺 R&D 对企业 i 成本下降的贡献，$\beta \in [0,1]$ 是创新的技术溢出系数。这里假设技术溢出效应对两家企业是相同的，c_{0i} 是企业创新前的单位成本，c_i 即边际成本降低水平。

式 3-8 显示出企业边际成本的降低包括了自身工艺创新努力带来的成本降低，也包括了吸收其他企业工艺创新的技术溢出后产生的成本降低。工艺创新溢出越大，企业受益于其他企业工艺 R&D 的程度越大，企业开展工艺创新的动机就越强，即技术溢出对企业工艺创新活动具有巨大的促进作用。

创新所需的实施成本直接影响了企业的创新收益。一般假设企业 R&D 活动

的收益是递减的，创新成本函数遵循 A-J 模型的假设(D'Aspremont，Jacquemin，1988)，企业 i 的工艺创新成本函数表达式为

$$F(x)=\gamma \cdot \frac{x_i^2}{2} \tag{3-9}$$

$F'(ci)>0$，$F''(ci)>0$，$G'(\delta i)>0$，$G''(\delta i)>0$，反映了企业 R&D 的边际效益递减。$\gamma>0$ 为企业的创新能力参数，γ 越大，企业创新能力越弱，工艺创新所需的实施成本也就会越高。

在考虑了第一阶段的研发决策及第二阶段的产量决策后，企业 i 的利润函数表达式为

$$\pi_i = (p_i - c_i)q_i - F(x) = [a - q_i - \delta q_j - (c_{i0} - x_i - \beta x_j)]q_i - \frac{1}{2}\gamma x_i^2 \tag{3-10}$$

在非合作的情况下，两家企业各自决定工艺创新水平 x_i 和 x_j，以使自己的利润最大化。由 $\frac{\partial \pi}{\partial x}=0$ 得到企业 i 和企业 j 工艺创新投入的纳什均衡策略表达式为

$$x_i = \frac{a\left(\frac{\gamma(-2+\delta)}{-2+\beta\delta}\right) - 2\left(\frac{-1+\beta}{-4+\delta^2}\right) + 2\left(\frac{1}{-4+\delta^2} + \frac{\gamma}{-2+\beta\delta}\right)c_{01}\left(\frac{2\beta}{-4+\delta^2} + \frac{\gamma\delta}{2\beta\delta}\right)c_{02}}{\frac{2(1+\beta^2)}{-4+\delta^2} - 2\gamma + \frac{\gamma^2(-4+\delta^2)^2}{2(-2+\beta\delta)^2}} \tag{3-11}$$

由式 3-11 可以看出，工艺创新的最优水平与企业创新能力 γ、技术溢出系数 β、产品的替代程度 δ 和企业初始的生产成本 c_{0i} 相关。由博弈模型识别出来的这些影响工艺创新最优水平的因素为 3.4 的理论模型构建提供了指导和基础。

本章的博弈分析存在以下两点局限性。

第一，为了简化分析，博弈模型假设工艺创新为渐进型创新，因此没有考虑创新风险问题。这个假设一定程度上符合对现实的观察，对于我国制造企业来说，工艺创新往往是在"干中学"和"用中学"，是对现有流程和生产技术、设备的优化及渐进型改进，但由于技术的不确定性，任何创新都是有风险的，且风险因素会影响企业创新策略的选择。

第二，产品可以在不同维度上形成差异，但是本模型只考虑了产品的水平差异化，即与市场上的既有产品形成一定的差异化，没有考虑产品质量的提高。而且本章博弈模型第二阶段的决策变量是产量，即两家企业处于古诺竞争模式下，没有考虑伯川德竞争模式下企业创新战略选择。

3.3 技术后发企业创新战略选择的因素研究

对技术后发企业来说，外部技术获取是组织学习的一个有效途径，可以分为技术引进和技术溢出两大类(宋宝香，等，2011)。纵观我国企业的技术发展历程，资本设备投资和出口贸易是我国制造企业技术获取和学习的主要形式，尤为促进和鼓励了企业工艺创新活动的开展。

3.3.1 物化于资本设备中的工艺技术

后发企业的技术发展大多是从引入发达国家的先进设备和生产技术开始的，随着企业规模实力和技术能力的提升，技术引进层次逐渐提高。姚志坚等(1999)认为，由于缺乏必要的生产运作能力，赶超型国家的企业通过引进国外成套技术来启动生产，将已在其他地方得到验证的外国技术加以转化，制造出产品。唐春晖和唐要家(2006)指出，技术的外部采购为后进国家和后进企业接近领先技术提供了渠道，使后进企业的技术追赶更为容易，引进本身不是目的，而是为了超越式发展。随着技术水平的不断提高，企业应该逐步从单一生产技术的引进转向调整产品结构、提高产品附加值、增强创新能力的技术引进，大规模成套设备引进逐步被关键技术、关键设备的引进替代，否则就会陷入重复引进—扩大生产—低价竞争的怪圈(张景安，2003)。吴晓波、马如飞和毛茜敏(2009)也指出，开放、动态的"引进—消化吸收—再创新"是我国企业自主创新的主要方式之一，后发企业应根据自身能力及引进技术所处的阶段与水平，适时地进行动态的技术引进，从基于第Ⅰ类技术引进(成套、成熟技术)向基于第Ⅱ类技术引进(非成套、新兴技术)升级。

机器设备承载的生产工艺是后发企业重要的技术学习渠道。对发展中国家企业来说，无论是产品创新还是工艺创新，以机器设备为主的技术购买都是主导战略，而不是创造全新的技术(Goedhuys，Veugelers，2012)，技术购买大多是与资本设备相联系的，会对工艺创新产生影响(Zuniga，Vargas，2013)，工艺创新水平的提高对先进的技术设备存在相当程度的依赖(严海宁，谢奉军，2010)，一半的突变型工艺创新是与新机器设备引进相关联的(Reichstein，et al.，2006)。Chudnovsky 等(2006)的研究显示，发展中国家的技术获取支出显著提高了工艺创新，物化于资本设备中的技术是阿根廷制造企业工艺创新的重要来源。

单纯引进资本设备并不一定会促进企业的工艺创新水平，企业还需要具备一定的吸收能力，才能够充分发挥物化技术的积极作用。在设备引进和技术引进过程中，样机和设计图样可以买到，但关键的工艺技术往往是保密的，显然单纯靠引进先进设备来提高企业的工艺技术能力是不够的，企业不仅要组织技术人员对引进技术设备进行消化吸收，而且要组织工艺研发人员实现二次创新，特别是工艺创新(毕克新，丁晓辉和张铁柱，2004)。引进先进生产线和成套设备可以在短时间内提高产品技术水平，但对企业自身的技术研究能力的提高影响甚弱，企业甚至还会陷入"落后—引进—再落后—再引进"的恶性循环(王乃静，2007)。技术引进对后进国家的企业非常重要，但单纯地引进并不能明显改善企业绩效，内部吸收能力要发挥重要的中介作用(甄丽明，唐清泉，2010)，吸收能力对技术引进具有显著的正向影响(Gomez，et al.，2009)，正因为不具备必要的人力资本、知识和技术，高资本密集度对工艺创新和产品创新才具有负向作用(Chandran，et al.，2013)。对我国制造企业来讲，引进发达国家的先进制造技术是一项非常重要的工艺创新，引进新技术后，只有通过消化和吸收才能将其固化为企业内部的知识(刘欣，陈松，2017)。

3.3.2　源于出口贸易的工艺技术学习

中国于 2001 年 12 月成为世界贸易组织(WTO)的第 143 个成员，对外贸易实现了跨越式增长，目前已成为世界货物贸易第一大出口国。我国企业能否从不断增长的出口贸易中获得技术溢出受到学者的广泛关注，从国际市场进行有效学习是后发企业创新的重要源泉，激励企业工艺技术的不断改进和革新。出口学习效应源于国际技术转移及国外高生产率企业带来技术外溢效应(荆逢春，等，2013)，通过国际贸易(出口和进口)而发生的技术转移是追赶国的企业成长的重要来源(Goedhuys，Veugelers，2012)。发展中国家企业在出口贸易过程中会依据自身的要素禀赋结构去寻找、学习、模仿和吸收一些满足自身实际需求的技术(梁云，唐成伟，2013)。新技术可以通过出口合同从发达国家市场向发展中国家市场扩散。开放的国际市场便于技术设备的引进，使企业在流程上更富有创新性，出口导向的企业需要通过持续创新来维持其在出口市场上的竞争地位，尤其是在工艺创新领域(Chandran，et al.，2013)。

魏守华、姜宁和吴贵生(2010)提出，与供应商、客户等合作是重要的技术溢出渠道，如欧盟对中国家用视听产品"绿色技术"的要求促进了国内家电业技术的进步。戴翔和张雨(2013)强调，以"出口"促进我国本土企业升级是应该坚持的战略取向，发展中国家的出口会涉及大量中间产品的进口，对技术和知识密集型中间产品的再生产、组装和加工会产生较强的知识溢出和技术溢出，而且融入跨国公司的全球生产分工体系使我国企业不仅获取了难得的学习和锻炼机会，还可以接受跨国公司的鼓励、督促和帮助等"主动溢出"，来自发达国家和地区的消费者对出口商品的质量、安全等可能更为"挑剔"，这也迫使我国本土企业不断"升级"出口产品。

加工贸易作为我国企业技术学习的主要机制之一，可以帮助企业积累相关的技术能力，获得技术和市场信息，通过设备转移形成制造能力等(谢伟，2005)。在成功引进外资并获得利润的同时，我国 OEM 企业也有机会在此过程中学习国外先进的技术知识与管理方法，OBM、ODM 业务的开展更是为新兴经济企业学习发达国家的成熟技术提供了实践平台(汪建成，2008)，而且 OEM 企业可以通过吸收全球价值链上组织间的知识溢出，学习和积累产品开发知识，增强技术创新能力。OEM 企业的学习过程有两种方式：被动学习是合作项目中自然产生的能力提升，是 OEM 厂商为履行订单规定的各种标准而必须提高自身的技术能力；主动学习源于 OEM 厂商主动进行有计划的外部标杆学习，通过长期合作缩小能力差距(陶锋，李涛田，2008)。国际化水平有助于企业获取更多的技术知识，对创新产出有显著的影响。

另外，并不是所有企业都能从出口贸易中获益，企业还必须具备必要的吸收能力，技术差距过大不利于企业的出口学习。在国际技术溢出中，人力资本的吸收能力至关重要，它直接影响技术溢出的吸收效果(刘和东，2012)。杨亚平和李晶(2015)指出，并非全部出口企业都能从国际技术和知识溢出环境中均匀受益，必定要受到其吸收能力的调节作用的影响，较弱的吸收能力难以吸收外溢技术知识，表现出负的学习效应和生产率水平的下降。技术落后国家或企业对外部先进技术的学习与模仿不仅依赖于技术差距与学习空间，而且与自身技术吸收能力密切相关。技术吸收能力与学习能力的不足使我国众多出口企业在进入国际市场后未能获取预期中的"干中学"效应(包群，等，2014)。

3.4 创新战略选择的理论模型

博弈分析的结果显示，影响企业工艺创新的主要因素包括企业创新能力、企业初始生产成本、技术溢出和产品的替代程度。企业初始生产成本反映了企业生产规模的差异，规模不同的企业将在不同的成本水平上运作；随着技术能力的提升，后发企业二次创新的技术含量在不断提高，但仍受到技术始发国确立的技术范式的约束，始终存在对外部技术的学习吸收问题，后发企业的创新能力更多地表现为吸收能力；后发企业获取技术外溢的主要途径是对外部技术源的学习，技术溢出效果取决于企业技术学习的能力；产品的替代程度可以用以反映市场的竞争程度，代表了不同的市场环境。综上分析，本书认为，影响我国企业工艺创新的主要因素包括企业规模、吸收能力、技术学习及行业的特性。

后发企业要想通过持续的外部引进来促进技术能力的提升，并且不断提高引进技术的先进性，就必须具备雄厚的资金实力，需要企业庞大的销售收入作为物质保障，尤其是战略性工艺创新需要企业投入大量的资源，规模实力对后发企业的技术创新是非常重要的，能够激励企业努力开展创新活动。企业自身的技术能力也是后发企业进行工艺创新的必备条件，只有对外部技术进行有效的学习吸收，才有可能促进企业的进一步创新，薄弱的技术能力直接抑制了企业的创新潜力，技术能力有利于充分发挥后发企业的学习优势，对其实现自主创新继而实现技术的跨越式发展至关重要。

企业不同的发展阶段对应着不同的规模实力和技术能力，从而也决定了与之相匹配的创新类型。规模较小、技术能力薄弱的企业的工艺创新更多地表现为对工艺流程和生产技术的渐进式改进，而技术实力雄厚的大企业的工艺创新更多的是基于未来发展战略的关键工艺技术的攻克。与技术先发国家的"顺序"创新有所不同，技术后发国家企业的创新模式表现出以工艺创新为主导的独特规律，工艺创新对技术后发企业至关重要。我国企业的工艺创新一般经历了通过工艺设备和制造技术的引进获得基本的生产能力，以渐进性的工艺改进和实时的工艺创新实现规模经济，并随着规模的扩大和专有性工艺技术的积累，企业开始注重对战略性工艺技术的储备，最终实现跨越式发展的工艺技术发展历程。

本书将后发企业工艺创新的发展总结为五个阶段，即技术获取阶段、技术改进阶段、规模生产阶段、技术更替阶段和创新阶段。工艺创新在各个发展阶段表现出不同的侧重点，创新层级逐渐提高，技术难度不断增加，对企业的战略意义也越来越大，如表 3.1 所示。

表 3.1 技术后发企业的工艺创新阶段

项 目	技术获取阶段	技术改进阶段	规模生产阶段	技术更替阶段	创新阶段
企业规模	小	小	中小	大中	大型或企业集团
创新类型	技术、设备引进	零部件国产化	产品生产工艺改进	工艺技术范式更替	渐进性、战略性工艺创新并存
研发能力	弱	弱	一般	较强	强
技术能力	形成基本生产能力	生产能力的积累和完善	规模生产能力	战略工艺创新能力	自主工艺创新能力

技术获取阶段：由于研发实力和资源基础薄弱，后发企业在发展之初往往直接引进国外先进的制造技术和工艺设备，从而形成基本的生产能力，这是企业最原始也是最重要的工艺创新。此时企业处于发展初期，规模较小，企业完全按照引进技术的标准生产产品，产品创新能力薄弱，尚未掌握核心技术，对引进技术有较大的依赖性。

技术改进阶段：这一阶段的工艺创新主要是渐进性的工艺改进和适应性的局部调整，企业的主要任务是在使用中掌握技术原理，努力实现零部件国产化，虽然此时企业规模和技术能力仍处于发展阶段，但企业已经形成较为完善的生产能力。

规模生产阶段：经过对引进技术的反复学习和应用，企业技术能力得到不断累积，开始有针对性地开发适合本地需求的产品，扩大了引进技术的应用范围。这一阶段的工艺创新主要是为产品服务的，生产工艺不断进行改进，以解决生产过程中的技术问题，创新频率较高。旨在降低生产成本和提高生产效率的工艺创新，有助于更好地发挥现有生产线和制造设备的潜力，帮助企业实现规模经济。

技术更替阶段：当竞争环境发生变化，尤其是技术发生突变时，企业就需要积极寻求新的技术范式，前一技术范式形成的生产能力和创新能力就成为新一轮技术范式转换的基础。企业需要加大培育具有重要战略意义的工艺创新能力以应对技术更替过程，在新的技术范式上占据主导优势，实现跨越式发展，企业可以选择继续从外部获取更为先进的技术，也可以开始依靠内部的研发力量。这一阶段的工艺创新实施难度很高，需要企业投入大量的 R&D 资源，并承担巨大的 R&D 风险，因此主要以技术能力雄厚的大中型企业为主。

创新阶段：随着规模和技术能力的不断成长，企业具备了自主创新的条件，开始对关键工艺技术进行攻关，逐步摆脱了对外来技术的依赖。处在这一阶段的企业往往是国内市场的领先企业，甚至已经发展为国际化的大型企业集团，无论在规模方面还是在技术能力方面，都具备了参与国际市场竞争的实力。此时，企业一方面为了维护已有的垄断力量，规避风险，开始以渐进性的工艺创新为主，另一方面也会积极地把握未来技术发展方向，进行关键工艺技术的储备，创新频率较高。

从工艺设备引进到参与国际市场出口贸易，技术学习贯穿于后发企业工艺创新发展的全过程，外部技术获取及对其有效的学习是我国企业技术创新的重要来源。新技术往往蕴含在新的机器设备中，生产过程的机械化程度在一定程度上代表了企业的工艺技术水平，资本设备存量及其先进程度又限定了企业可以从中获得生产技术的多寡及质量，我国企业最初的技术学习通常来源于成套机器设备的引入，通过对工艺设备和生产线的不断应用，使我国企业在"干中学"中获得了技术积累，提高了工艺技术水平。出口学习效应也有效地推动了我国企业的工艺创新，尤其是我国很多制造企业都是从 OEM 开始发展的，出口行为伴随着原始设备的引进，直接诱使了企业的工艺创新行为。在与技术发达国家企业的贸易往来中，为满足国际市场上严格的产品要求，后发企业会努力改进生产技术和工艺流程，提高制造水平；出口合同也使后发企业得以接触先进的技术，获得出口的技术溢出，进而促进企业开展工艺创新。可见，资本设备投资和出口贸易是我国制造企业获取技术外溢的两个主要渠道，是其工艺创新重要的来源。

在当前中国经济转轨的发展过程中，国有企业的创新行为与其他产权形式企业存在显著的差异。出于对经济结构变化的关注，国内学者非常重视制度因素特别是产权性质对创新的影响(李政，陆寅宏，2014)，是否考虑产权效应是中外企业创新经验研究的主要差别(聂辉华，等，2008)。根据产权理论，不同产权结构对经理人的激励作用是不同的，有的国有企业所有者缺位、缺乏监督及其他各种历史和现实方面的原因，存在冗员过多、效率低下等问题，因此这种国有企业创新激励低下(周黎安，罗凯，2005)。有的国有企业在制度安排上处于劣势，但受益于要素市场及众多的创新扶持政策，也可能具有创新优势。因此，所有制性质是研究我国企业创新行为的一个重要约束条件。

基于以上分析，本书立足于中国企业的实际情况，遵循"资源—战略—绩效"的研究范式，提出了研究中国企业工艺创新行为的理论模型。

图 3.1 把对我国企业工艺创新的研究分解为两个部分，即工艺创新的驱动因素及其对企业成长的作用。规模越大的企业，越拥有雄厚的经济资源，能够为开展工艺创新提供物质基础，直接刺激企业的工艺创新活动，同时大规模企业也更有能力发挥对外部技术的学习效应，从而间接促进企业的工艺创新。企业自身的吸收能力有助于增强技术学习效果，对充分获取和学习外部技术发挥着重要作用，是企业工艺创新活动成功开展的内部技术基础。在转型经济背景下，产权结构对企业的创新行为会产生较大的影响，可能有一些国有企业的经理人认为，工艺创新对企业的贡献不那么突出，经济表现不如产品创新明显，新产品产值更适合作为其任期内绩效考核指标，并且与其他产权形式的企业相比，不同规模分组下的国有企业工艺创新的表现存在更为显著的差异，规模越小的国有企业对效率提升和成本降低的关注度越低，因而越不重视企业的工艺技术创新，而把创新资源更多地分配到产品创新，小规模的国有企业一般缺乏工艺创新的动机。资本设备投资和出口贸易是后发企业技术学习的两个主要途径，引进新设备直接伴随着新工艺技术的获取，向竞争更加激烈的国际市场提供产品客观上要求出口企业不断提高工艺水平，以保证企业产品的质量和技术含量，因此资本设备保有量及出口贸易是我国企业工艺创新重要的源泉。

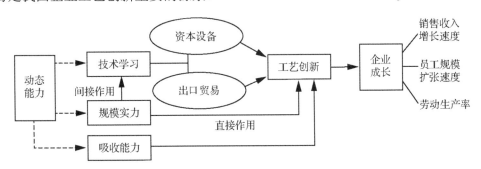

图3.1 工艺创新研究的理论模型

理论模型的第二部分显示了工艺创新对企业绩效的影响，其可以从企业销售收入增长速度、员工规模扩张速度及劳动生产率三个维度来衡量，即理解工艺创新对企业价值实现的作用，不仅要考虑经济绩效、员工替代的技术效应，还应该基于战略角度评估对企业长远发展的影响。这些指标有利于对工艺创新绩效作出更为客观的评价。

3.5 本章小结

本章主要利用博弈分析方法研究了影响企业创新战略决策的关键因素，并据此构建起研究我国企业工艺创新行为的理论模型。由于 R&D 资源有限，企业必须根据自身实际情况对创新行为作出理性选择，以实现利益最大化。本章在完全信息条件下，考虑到 R&D 阶段可能存在的技术溢出及企业的创新能力，构建起生产水平差异化产品的双寡头垄断企业在古诺竞争环境下(产量竞争)创新战略选择的两个阶段非合作博弈模型，模型将工艺创新简化为降低成本的创新，而认为产品创新的效果提高了产品的差异化程度。博弈分析的主要结论如下。

第一，企业生产成本越低，均衡销量就越多，即工艺创新产出水平与企业的销售规模正向相关，但是销量与企业产品创新之间不存在单调的关系，只有当两个企业的均衡产量相等或 $\frac{\delta}{2}q_i < q_2^*$ 时，产品创新越多，企业的最优销售水平才会越高。

第二，在企业的 R&D 阶段，工艺创新的最优水平取决于企业创新能力 γ、技术溢出系数 β、产品替代程度 δ 和企业初始的生产成本 c_{0i}。

依据博弈分析的结果和我国企业工艺创新的特点，本章将影响企业工艺创新的主要因素概括为企业吸收能力、企业规模、技术学习及行业环境，并在此基础上提出了研究我国制造业企业工艺创新的理论模型。该模型可以分解为两个部分，即工艺创新的影响因素及其对企业成长的作用。

规模实力带来的资源禀赋及自身的技术能力是企业进行创新的必要条件，技术后发企业的规模为庞大的技术购买支出提供了资金支持，直接刺激了企业的工艺创新活动，同时大规模企业也更有能力发挥对外部技术的学习效应，从而间接影响企业的工艺创新。吸收能力有助于提高企业的技术学习效果，对充分获取和学习外部技术发挥着重要作用。在转型经济背景下，产权结构对企业的创新行为会产生较大的影响，国有企业更加倾向于采纳、应用行业先进的工艺创新技术，自主推出更高质量的创新产品，产品创新动机更强。技术学习贯穿于后发企业工艺创新发展的全过程，后发企业的技术学习效应主要是源于资本设备投资和出口贸易两个途径，资本设备保有量及出口市场的技术溢出是企业工艺创新的重要源泉。理论模型的后一部分探讨了工艺创新活动对企业价值实现的影响，表现在企业的销售收入增长速度、员工规模扩张速度及劳动生产率方面，这些指标能够更加客观和全面地评价工艺创新的价值。

本章构建起研究中国企业工艺创新的理论模型，为实证分析我国企业工艺创新的影响因素及其对企业成长绩效的影响提供了理论框架。

第 4 章

制造企业创新行为的统计研究

4.1 中国制造业创新活动统计分析

衡量一个国家、行业和企业的创新水平可以从投入和产出两个维度进行。R&D 投入反映出创新主体对创新活动的重视程度，我国企业 R&D 经费投入规模和投入强度都在逐年提高，表 4.1 比较了不同国家 R&D 经费投入占 GDP 的比重情况，与 2019 年德国、美国、日本和韩国 3%以上的 R&D 投入强度相比，我国企业的 R&D 经费投入强度不足，仍处于全球主要国家的中等水平。

表 4.1 不同国家 R&D 经费投入占 GDP 的比重情况

单位：%

国家	2000 年	2003 年	2006 年	2010 年	2015 年	2019 年
中国	0.90	1.10	1.40	1.70	2.10	2.20
日本	2.90	3.20	3.40	3.30	3.30	3.20
德国	2.46	2.50	2.50	2.70	2.90	3.20
美国	2.60	2.70	2.60	2.70	2.80	3.10
韩国	2.20	2.60	3.00	3.50	4.20	4.60

资料来源：《中国科技统计年鉴》。

专利是创新活动的重要成果，也可以衡量创新主体的创新能力。我国专利整体情况不乐观，专利的技术含量和应用价值较低。2010 年和 2020 年我国发明专利申请数占总申请数的比例分别为 14%与 15%，10 余年发明专利占比几乎没有变化，而其他四个国家 2010 年该比例均在 80%左右，其中韩国和日本的发明专利占比最高，而且与 2010 年相比，2020 年日本、美国、德国的发明专利占比都有较大幅度的提升，与我国的外观设计专利和实用新型专利占主导地位形成鲜明的对比，如表 4.2 所示，我国企业的核心专利数量缺乏，专利的整体技术水平较低。

无论是从创新投入强度(R&D 经费投入占 GDP 的比重)的角度来看，还是从创新产出(专利)的角度来看，我国企业的技术实力与世界主要发达国家的技术实力之间都存在较大的差距，创新能力依然比较薄弱。

表 4.2 三种不同类型专利申请情况对比

单位：%

国家	2010 年			2020 年		
	发明专利	外观设计专利	实用新型	发明专利	外观设计专利	实用新型
中国	0.14	0.39	0.47	0.15	0.20	0.65
日本	0.80	0.18	0.01	0.90	0.06	0.04
美国	0.79	0.17	0.04	0.87	0.10	0.04
韩国	0.81	0.17	0.02	0.82	0.14	0.04
德国	0.77	0.21	0.02	0.87	0.04	0.09

资料来源：《中国统计年鉴》。

目前，分类研究中国企业创新活动的统计数据尚不丰富，尤其是针对企业工艺创新活动的调研报告十分有限，创新调查报告以企业新产品统计为主，即便涉及工艺创新的数据，缺省值也较多。国内重要的企业工艺创新的调查报告分别为 2007 年国家统计局开展的全国工业企业创新调查，清华大学开展的 2008 年 42 个城市制造业企业跟踪技术创新活动调查，国家级创新型企业全样本问卷调查，以及全国企业创新调查年鉴。国际上有关企业工艺创新和产品创新的调查报告以欧盟创新调查(CIS)最为权威，国外很多学者以此为基础，对企业创新战略进行了全方位的研究。

2007 年，国家统计局首次对我国近 8 万家大中型企业的创新进行了调查，研究发现，2004—2006 年，我国企业半数以上创新经费用于购置机器设备和软件，中国工业企业的创新活动基本上还停留在初级阶段，尚未进入自主创新的发展阶段，有创新活动的工业企业占全部规模以上工业企业数的比重仅为 28.8%，创新支出仅占企业主营业务收入的 1.86%，创新经费投入严重不足。2004—2006 年，在开展创新活动的规模以上工业企业中，实现了新产品市场销售等产品创新目标的企业占 81.4%，实现了提高生产效率或产品质量等工艺创新目标的企业占 84.5%，同时实现了产品创新和工艺创新的企业占 69%。工业企业的创新多以实现产品创新为主要目标，在实现工艺创新的企业中，有 56.3%的企业家认为，创新对提高生产效率发挥了重要作用，认为创新可以提高生产灵活性、降低人力成本、节约原材料、降低能源消耗、减少环境污染和改善生产安全条件的企业家分别占38.3%、37.9%、35.4%、36.1%、39.4%和42.3%(邓永旭，2008)。

2008年10月，国家统计局中国经济景气监测中心和清华大学技术创新研究中心合作对我国42个城市的1 399家规模以上企业过去3年的自主创新情况进行的跟踪调查显示，随着规模的扩大，企业的创新比例也在升高，无论是产品创新还是工艺创新，大型企业都表现得更好(见表4.3)。

表4.3 不同规模企业开展创新的情况

企业规模	企业数量(个)	比例(%)	产品创新(%)	工艺创新(%)	两类创新(%)
大型企业	206	14.7	90.3	84.5	90.3
中型企业	718	51.3	74.5	73.7	78.0
小型企业	475	34.0	51.7	50.5	56.0

资料来源：清华大学技术创新研究中心. 2008年42城市制造业企业跟踪调查结果——技术创新活动调查. 技术经济，2010。

调查发现，有50%的大型企业在2005—2007年从事过10次以上的工艺创新，中型企业的这一比例为25%，而小型企业中只有10%的企业进行了10次以上的工艺创新，且将近一半的小型企业在这3年内没有进行过任何工艺创新。这说明规模越大，企业工艺创新越活跃。

2009年，中国制造业创新调查数据显示，工艺创新主要包括自动化和连接系统、制造和产品技术及数字工厂/系统联系中的IT技术共计三大类13种新技术，其中计算机辅助设计/制造是利用率最高的一项新技术，高达84%。通过分析国家级创新型企业全样本问卷调查发现，407家创新型企业中完成产品创新项目的企业占比达65.6%，单纯进行产品创新的项目占所有技术创新项目的比例达61.4%，产品与工艺同时创新的项目占4.2%，可见，产品创新是企业技术创新活动的主要内容。小型企业中从事单纯产品创新的占比最高，达68.1%。而中型企业相对更注重工艺创新，单纯进行工艺创新的企业略多于单纯进行产品创新的企业。在只开展产品创新项目的250家企业中，技术创新新颖度达到国际市场先进水平的企业有 126 家，占企业总数的 50.4%，达到国内市场先进水平的企业有 119 家，占比为 47.6%；在只进行工艺创新项目的 133 家企业中，技术创新新颖度达到国际市场先进水平的企业有 71 家，占比为 53.4%，达到国内市场先进水平的企业有 62 家，占比为 46.6%(张赤东，2013)。

从 2016 年起，国家统计局专门针对企业工艺创新、产品创新、组织创新、营销创新等进行了分类统计，在此之前只有新产品开发和生产情况的统计，这在一定程度上反映出国家层面不再仅仅关注新产品的创新活动，开始强调不同创新活动之间的协同发展，也反映出精细化创新管理的程度在不断提高。2016—2020 年，规模以上制造企业中开展创新活动的企业占比逐年提高，尤其是有工艺创新活动的企业占规模以上制造企业的比重增加幅度更为明显。2016 年，仅有 26.9% 的创新企业开展了工艺创新相关活动，到 2020 年，这一比例已提高至 41%。随着数字制造、智能制造及绿色制造理念的蓬勃发展，工艺创新受到大规模制造企业的普遍重视。

表 4.4　2016—2020 年规模以上制造企业产品创新和工艺创新情况

年份	有产品创新或工艺创新活动的企业数量(个)	有产品创新或工艺创新活动的企业所占比重(%)	产品创新企业所占比重(%)	工艺创新企业所占比重(%)
2016	141 074	39.7	25.9	26.9
2017	147 461	42.1	28.0	28.7
2018	157 492	44.7	30.4	31.6
2019	182 828	51.7	33.7	35.8
2020	202 509	54.2	37.5	41.0

资料来源：《中国统计年鉴》。

2021 年，《全国企业创新调查年鉴》的统计数据显示，我国制造企业创新活动具有显著的规模效应，大型企业创新意愿更强，81.8% 的大型企业有清晰的创新战略目标，而只有 35.1% 的微型企业有明确的创新战略。绝大多数企业采取独立开发形式进行创新，20.5% 的企业认为，创新成本过高是制约创新发展的主要障碍，这客观上也要求企业的规模实力作为保障。如表 4.5 所示，73.5% 的大型企业开展了创新活动,而超过一半的中小型企业未开展任何形式的创新活动,微型企业创新意愿更低,仅为 20.3%,这一现象与 2007 年国家统计局对我国大中型企业的创新调查结果基本一致,同时实现工艺创新、产品创新、组织创新和营销创新四种创新活动的大型企业占实现创新活动企业的 21.2%,而实现创新的微型企业中只有 2%的企业同时实现了这四种创新活动。

表 4.5 2020 年企业创新活动情况

单位:%

企业规模	企业整体		高技术制造业	
	开展创新活动企业占比	同时实现工艺创新、产品创新、组织创新和营销创新的企业占比	开展创新活动企业占比	同时实现工艺创新、产品创新、组织创新和营销创新的企业占比
大型企业	73.5	21.2	93.1	36.6
中型企业	49.8	10.3	89.5	30.6
小型企业	46.2	9.1	82.6	23.8
微型企业	20.3	2.0	42.7	9.3

资料来源:全国企业创新调查年鉴(2021)。

尤其值得注意的是,高技术制造企业更加注重创新,所有创新指标都要优于整体样本企业,93.1%的大型高技术制造企业开展了各种形式的创新活动,有将近四成的大型高技术制造企业同时实现了四种创新活动;中小型高技术制造企业开展创新活动的比例显著高于整体样本企业,反映出中小型高技术制造企业对创新的重视程度较高;即使是微型高技术制造企业也有 42.7%的企业开展各种形式的创新,其中近 10%的企业同时实现四种创新活动。因此,与整体样本企业相比,高技术制造企业创新表现更加优异。

4.2 制造业样本分析

4.2.1 研究样本选择

制造业在国民经济中占据重要地位,在未来很长一段时间内仍将是我国经济发展的重要引擎，是经济增长的主要源泉。自 2010 年以来，我国制造业增加值已连续 12 年世界第一，并且我国是全世界唯一拥有联合国产业分类中所列全部工业门类的国家，有 220 多种工业产品产量居世界第一位。2021 年，我国规模以上工业增加值增长 9.6%，高技术制造业增加值、装备制造业增加值分别增长 18.2%、12.9%，对工业增长的贡献率分别达 28.6%、45%。

目前，中国制造业已进入高质量发展的转型升级阶段，面对发达国家与新兴市场国家两个方面的冲击，为突破中低端瓶颈，中国制造业必须加快实现从"制造大国"向"制造强国"的蜕变，坚持创新驱动高质量发展的战略道路，因此，研究制造业的创新活动具有重要意义。上市公司在某种程度上可以被视为成功的企业，在规模发展和创新活动上都具有代表性，对其他企业具有重要的借鉴意义，值得深入研究。因此，本书选择制造业上市公司作为研究样本具有良好的研究价值。

在制造业全部子行业分类中，本章选择具有代表性的五个行业作为研究样本：电子材料及电子元器件行业、钢铁行业、家电行业、汽车及零部件行业，以及医药行业。这些行业的研发活动及专利申请行为相当活跃，可以大体反映我国制造业的发展历程，并且涵盖了流程类制造业、装配类制造业、新兴产业和成熟产业，各个行业具有各自独特的工艺技术特征，能够充分展示我国企业工艺创新活动的异质性，研究结论的适用范围广，样本选择符合研究目的。

为获得平衡面板数据，本书选取 2001 年以前在沪、深两市首发上市的企业。将 2001 年作为研究起点主要是因为加入 WTO 对我国制造业的市场环境和企业的创新行为影响巨大，研究此后企业的创新战略具有更重要的意义。本章样本选取的具体过程如下。

(1) 选取 2001 年之前沪、深两市 A 股上市的样本企业。

(2) 剔除了被 ST 和 *ST 的公司。

(3) 选择制造业上市公司为研究样本。

(4) 选择属于电子材料及电子元器件、家电、汽车及零部件、医药，以及钢铁五个行业的制造企业。

(5) 剔除研究期内发生重大变革的企业，如资产重组、主营业务重大调整等的企业。

(6) 剔除了遗漏重要变量的样本。

经过筛选，最终符合本书研究要求的上市公司共 159 家，上海证券交易所有 84 家，深圳证券交易所有 75 家，其中家电行业有 14 家，生物医药行业有 53 家，钢铁行业有 23 家，汽车及零部件行业有 45 家，电子材料及电子元器件行业有 24 家。考虑到企业申请专利后得到授权存在一定的时滞性，如发明专利得到授权一般需要 2~3 年，因此，本书的专利收集截止到 2020 年，相应的上市公司的数据也截止到 2020 年，本书的研究跨度为 2001—2020 年，最终得到 3 180 个平衡面板观测值。平衡面板数据包含了更加丰富的信息，可以较好地控制异方差和自相关等问题，提高了数据的质量。

4.2.2　研究样本的分布特征

本书将企业销售规模分为大、中、小 3 档，销售额在 5 亿元(含)以下的为小型企业，销售额在 5 亿元以上 50 亿元(含)以下的为中型企业，销售额超过 50 亿元的为大型企业。如表 4.6 所示，样本中 56.60% 的企业属于中型企业；小型企业占比最少，仅为 17.61%；钢铁行业规模普遍较大，在大型企业中所占比重为 82.61%，并且该行业不存在销售额低于 5 亿元的小型企业；家电企业也均为大中型企业；而医药行业和电子材料及电子元器件行业中的大型企业所占比重最低，分别为 5.66% 和 4.17%。

表 4.7 将研究样本按企业产权性质划分为国有企业和其他形式企业，前者占全部样本的 69.81%，而后者的比例只有 30.19%。分行业来看，医药行业和电子材料及电子元器件行业的非国有企业的比例相对较高，分别为 39.62% 和 33.33%，而钢铁行业 91.3% 的企业为国有企业。

表 4.6 样本按规模分布

样本行业	小型企业 0<S≤5(亿元)		中型企业 5<S≤50(亿元)		大型企业 S>50(亿元)	
	企业数量(家)	比例(%)	企业数量(家)	比例(%)	企业数量(家)	比例(%)
	0	0	8	57.14	6	42.86
医药行业	14	26.42	36	67.92	3	5.66
汽车及零部件行业	7	15.56	26	57.78	12	26.67
钢铁行业	0	0	4	17.39	19	82.61
电子材料及电子元器件行业	7	29.17	16	66.67	1	4.17
总计	28	17.61	90	56.60	41	25.79

表 4.7 样本按产权结构分布

样本行业	国有企业		非国有企业		总计(家)
	企业数量(家)	比例(%)	企业数量(家)	比例(%)	
家电行业	10	71.43	4	28.57	14
医药行业	32	60.38	21	39.62	53
汽车及零部件行业	32	71.11	13	28.89	45
钢铁行业	21	91.30	2	8.70	23
电子材料及电子元器件行业	16	66.67	8	33.33	24
总计	111	69.81	48	30.19	159

根据《科学技术会议录索引》可知，东、中、西部的划分标准为：东部地区包括辽宁省、北京市、天津市、河北省、上海市、江苏省、浙江省、福建省等11个省份；中部地区包括吉林省、黑龙江省、山西省、安徽省、江西省、河南省等8个省份；西部地区包括内蒙古自治区、广西壮族自治区、重庆市、四川省、贵州省、云南省、西藏自治区、陕西省、甘肃省等12个省份。159家样本企业的地理位置分布如表4.8所示，处于东部地区的企业共88家，而中西部地区的企业共71家，家电行业、电子材料及电子元器件行业较多地位于东部地区，而钢铁行业较多地分布于中西部地区。

表 4.8 样本企业的地理位置分布

样本行业	东 部		中西部		总计(家)
	企业数量(家)	比例(%)	企业数量(家)	比例(%)	
家电行业	10	71.43	4	28.57	14
医药行业	27	50.94	26	49.06	53
汽车及零部件行业	24	53.33	21	46.67	45
钢铁行业	11	47.83	12	52.17	23
电子材料及电子元器件行业	16	66.67	8	33.33	24
总 计	88	55.35	71	44.65	159

综上分析，本书的研究样本以国有企业、中型企业为主。国有企业规模普遍大于非国有企业规模，钢铁行业以国有企业为主，其规模也大多集中在中型企业；而医药行业和电子材料及电子元器件行业的非国有企业较多，其企业规模也相对较小；样本企业总体分布于我国东部，尤其是家电行业，但中西部钢铁企业的数量略多于东部地区，因此，从总体上来看，东部地区的企业更有实力，也更愿意进行上市融资。

4.3 制造企业工艺创新行为分析

4.3.1 工艺专利数据收集整理

工艺创新是本书的核心要素，也是数据获取的难点。专利相对于研发投入在衡量技术创新时更具有含金量，但专利数据收集不严谨会影响论证结果的可靠性，绝大多数实证研究仅仅收集了母公司持有的专利，没有考虑研究企业的历史更名状况，也没有研究企业的分支机构专利持有状况，如果财务数据合并了控股子公司，而专利数据收集只考虑以母公司现有名称申请的专利，显然会降低研究结论的可信性。本书借鉴周煊等的做法，首先查阅历年上市公司年报，获得纳入上市公司报表范围的母公司名称和子公司名称，再通过知识产权网按专利申请时间检索样本企业在 2001—2020 年的专利数量。

我国专利包括三种类型：发明专利、实用新型专利和外观设计专利，发明专利申请周期和保护期最长，其余两项专利不需要经过实质性审查，保护力度小，保护时间短。李宇和安玉兴认为，发明专利最具技术特性；实用新型专利能够帮助企业制造出具有使用价值和实际用途的产品，多为生产过程中的简单设计和小发明，技术含量不高，但对当前中国制造企业来讲是非常重要的；而外观设计专利是非技术性专利，仅是外观改进，专利的要点就在于改变产品的形状，几乎不涉及技术变化。例如，上海汽车集团股份有限公司申请的外观设计专利——后排座椅(CN201030215070)，主要用途是供乘客休息；再如，同仁堂申请的外观设计专利——包装盒(CN200930388842)，主要用途是包装物品。外观设计专利有效期届满时，很多企业选择不再继续维护，可见该类型专利并非企业核心竞争力的表征。因此，外观设计专利并不适合对创新进行衡量。参照相关学者对专利的处理方法，本书使用的专利数据只包括实用新型专利和发明专利。

本书将上市公司拥有的工艺专利授权数量作为企业工艺创新活动的衡量指标，专利授权数量可以反映专利申请的质量，能够更好地衡量企业工艺创新水平。在进行专利数据收集整理之前，首先要确定专利检索的样本企业。一方面，某个公司的专利可以以母公司的名义申请，也可以存在于各个子公司的名下；另一方面，上市公司可以整体上市，也可以分拆上市。对于整体上市的公司，报表中的财务数据是合并数据，因此专利检索时要首先查阅历年上市公司年报，获得纳入上市公司报表范围的母公司名称和子公司名称，将下属分支机构的专利合并计入上市公司的专利数量。例如，吉林敖东药业集团股份有限公司包括了吉林敖东延边药业股份有限公司、吉林敖东洮南药业股份有限公司、吉林敖东药业集团延吉股份有限公司等子公司，其专利数量应该是这些子公司专利数量的合计；厦门金龙汽车集团股份有限公司的专利包括了厦门金龙汽车车身有限公司、厦门金龙汽车座椅有限公司、厦门金龙汽车空调有限公司等子公司的专利；新大洲控股股份有限公司的专利包括了海南新大洲摩托车股份有限公司、新大洲本田摩托有限公司等子公司的专利。对于部分上市的集团公司，只检索与该上市公司直接相关的专利。比如，三精制药隶属于哈药集团，但是检索专利时应该只包含三精制药的专利；一汽轿车和一汽富维都是一汽集团的子公司，但是在本研究中则将其看作两个独立的样本，分别检索各自的专利。

本书采取独立专家法，从检索的专利数据中分离出工艺专利作为对工艺创新的有效衡量。如何区分工艺专利和产品专利是本书实证分析中最具价值也是最为困难的环节。工艺创新和产品创新定义和度量的边界很模糊，尤其是突变的产品创新通常需要引进创新的生产工艺，同时当新工艺改变产品的特征到一定程度时，将会出现全新的产品，只有 3.1%的创新可以被贴上产品或工艺的标签，而多达96.9%的创新会落入一个灰色的区域，即这些创新可以被视为产品创新，也可以被视为工艺创新(Simonetti，et al.，1995)。尽管不能忽视工艺创新和产品创新之间存在的互补性，但是在大多数的企业和产业中还是可以确认出占主导地位的创新类型(Antonucci，Planta，2002)，工艺创新降低了企业的平均生产成本，而产品创新增加或改进了产品的功能，提高了消费者的支付意愿(Cohen，Klepper，1996)；产品创新聚焦于市场，是由消费者驱动的，满足外部使用者或市场的需求，而工艺创新的焦点是企业内部，由效率驱动，向组织内的生产或服务运作引进新的技术元素(Damanpour，Gopalakrishnan，2001)。Bhoovaraghavan 等(1996)从消费者需求的角度区分了工艺创新和产品创新，他们认为，在纯粹的产品创新和工艺创新之间存在连续状态，开发新产品可能需要新的工艺技术，为生产全新产品而开发的工艺技术被视为一种产品创新而不是工艺创新，如果某产品是以截然不同的、彻底的新方式来满足现有需求，则被归类为产品创新，以汽车为例，第一辆汽车就是产品创新，而紧凑型汽车是一种工艺创新，但是电动汽车就应该是产品创新，虽然它满足了现有的核心需求，但是满足产品需求的方式产生了巨大的差异。陈英(2003)认为，如果新产品作为生产资料(中间产品)进入生产过程，并且能够提高生产率，就成为生产过程的创新，例如，机器的作用在于提高生产效率，应该归为工艺创新。

在详细研究工艺创新和产品创新的特点，并参照当前学者对两者概念界定和解释的基础上，结合各个行业自身的情况，本书提出一系列区分工艺专利和产品专利的标准，形成对两种专利区分的细则，如表 4.9 所示。

表 4.9　工艺专利和产品专利的区分标准

项目	主要内容	定位	目的
工艺专利	新的或改进的生产工艺及其产品改进	服务于企业内部,包括检测工具、辅助生产工具等	改善生产流程,降低生产成本,提高效率和组织灵活度,降低能耗和污染排放
产品专利	全新的或改进的产品及其生产技术	面向消费者,包括可直接对外销售的零部件	提高产品性能和质量,开拓市场

(1) 产品专利用于开发新产品或服务,或是显著改善现有的产品;工艺专利用以创造新的产品生产、交付方式,或是革新现有生产工艺。

(2) 为生产全新产品而开发的工艺技术被视为一种产品创新而不是工艺创新,因为是产品创新引发了工艺创新,产品创新是主要原因;同理,一项新的或是改进的工艺技术或资本设备,虽然带来产品特性的改变,但仍被归为工艺创新。

(3) 工艺创新的目的是改善生产流程、降低生产成本、提高效率和组织灵活度、降低能耗和污染排放;产品创新的目的是提高产品性能和质量,从而开拓市场。

(4) 工艺创新主要服务于企业内部,如果一项新产品是作为生产资料进入企业的生产过程,而并不对外出售,则将其视为工艺创新,包括检测工具、辅助生产工具等;产品创新面向消费者,包括可直接对外销售的零部件。

总体来说,企业工艺专利主要分布于 3 个方面:①采用新的生产技术或机器设备;②生产流程的改进;③采纳新的管理和组织实践,如精益生产。

在专利的具体区分阶段,将全部分析人员划分为两组,各组成员手动审查每一项专利的详细说明书,并根据专利的识别细则,独立将专利区分为产品专利和工艺专利,作为研究产品创新和工艺创新的数据基础。两组成员定期将专利分类结果进行横向比较,对分类有争议和模棱两可的专利进行深入讨论并重新审查,直至达成一致。若仍有异议,则需要请教有相关专业背景或是在相关领域工作的专家作出判断。

为了更加明晰本书对产品专利和工艺专利的界定，以下列举了典型的产品专利和工艺专利。

1. 产品专利

(1) 实用新型：触摸屏及电子设备。

申请号：201020568138.9；申请日期：2010年10月14日；专利权人：京东方科技集团股份有限公司。

摘要：本实用新型公开了一种触摸屏及电子设备，涉及显示设备技术领域，解决了现有触摸屏受外界干扰较大的问题。本实用新型实施例中触摸屏包括显示设备，所述显示设备上显示面的显示区域内设有具有触摸传感器的复合膜，所述显示区域侧边的局部设有所述复合膜的信号传输接口。其特征在于，所述显示区域周围除所述信号传输接口部分外设有导电膜，所述导电膜与所述显示设备的外壳接触，并通过所述外壳接地。本实用新型实施例主要用于各种具有显示设备的电子设备，特别是具有液晶面板的电子设备。

(2) 发明授权：一种全硬质镀铝锌钢板及其生产方法。

申请号：2006100476263；申请日期：2006年9月2日；专利权人：鞍钢股份有限公司。

摘要：本发明公开一种全硬质镀铝锌钢板及其生产方法，基板的化学成分为：(重量百分比)C: 0.02%～0.16%，Mn: 0.15%～1.50%，Si≤0.05%，Ti和Nb单独加入或同时加入，Ti、Nb总含量为0.015%～0.100%，其余为铁和不可避免的杂质，其生产工艺特点为，热轧加热温度为1150℃～1260℃，精轧加热温度为900℃～1100℃，轧后冷却速度为每秒30℃～60℃，卷取温度为550℃～650℃，冷轧压下率为50%～80%，镀铝锌时退火温度为630℃～710℃，采用明火炉的热镀锌线或采用全辐射管的热镀锌线生产。退火炉的冷却段不需要重新加热，钢板的屈服强度达600MPa以上。此项发明解决了生产全硬质镀铝锌钢板要求退火炉的冷却段必须具备加热的问题，节省了工序和资金，具有广阔的推广应用前景。

2. 工艺专利

(1) 发明授权：发光二极管的制造方法。

申请号：200910230194.3；申请日期：2009年11月16日；专利权人：厦门市三安光电科技有限公司。

摘要：一种发光二极管的制造方法，在外延结构中引入可粗化外延层，湿法蚀刻可粗化外延层而不是n型铝镓铟磷基限制层，利用介于可粗化外延层和n型铝镓铟磷基限制层之间的n型接触外延层作为化学蚀刻停止层，即可避免纵向过蚀刻对包括n型铝镓铟磷基限制层和有源层在内的发光层的损伤；粗化外延层形成后，蚀刻部分区域的粗化外延层，并于其中制作n扩展电极，使n扩展电极与n型接触外延层形成欧姆接触，如此，n型欧姆接触的形成是在化学蚀刻粗化工艺之后，就不会因被蚀刻而出现剥落问题，解决了发光二极管制作工艺中的化学蚀刻粗化工艺窗口和粗化效果间的矛盾，提高了化学蚀刻粗化的工艺窗口，并有效防止横向钻蚀和纵向过蚀刻引发的工艺异常问题。

(2) 发明授权：车轮定位参数检测定位工装。

申请号：200810237444.1；申请日期：2008年12月26日；专利权人：东风汽车公司。

摘要：本发明公开了一种车轮定位参数检测工装，它包括上连接臂和下连接臂，上连接臂和下连接臂之间连接车轮外倾角测量基准板，上连接臂和下连接臂之间或车轮外倾角测量基准板上连接主销后倾角测量基准板。该工装巧妙地将工装连接形状与车轮连接的部件的连接形状相结合，利用工装上的测量基准面与车轮连接的部件与上下横臂支架连接孔及与车轮的中心孔相对应，通过工装上的测量基准面的测量实现车轮定位参数检测。该装置结构简单，构思巧妙；利用其检测，大大缩短了检测时间，提高了检测效率，方便了车轮定位参数的检测与调整。

(3) 发明授权：一种可提高中药颗粒防潮性能的生产工艺。

申请号：200510134263.2；申请日期：2005年12月15日；专利权人：九芝

堂股份有限公司。

摘要：本发明主要研究了防潮技术在中药颗粒防潮中的应用，提供了一种可提高中药颗粒防潮性能的生产工艺。本发明的生产工艺，通过采用单独或联合应用絮凝澄清技术与薄膜包衣技术，既能在絮凝澄清过程中除去中药提取液中较多的吸湿性成分，又能较好地保留有效成分，还能消除醇沉工艺造成的环境影响；本发明的颗粒薄膜包衣配方及其工艺条件，既能有效地防止中药颗粒吸潮，又不影响其溶化性等，较好地解决了中药颗粒的防潮问题。

4.3.2 制造企业工艺创新的统计特征

2001—2020年，我国制造业上市公司的专利总数呈不断上升的态势，无论发明专利还是实用新型专利都有了明显的提高，但彰显企业技术实力的发明专利数量仍然较少。实用新型一直是我国企业主导的专利类型，反映了我国企业专利的技术水平比较低，核心专利不足。

研究期间，我国制造业上市公司的工艺专利和产品专利都在逐年增长，并且工艺专利的增长速度更快，但其总数还是明显低于产品专利，工艺专利占专利总数的平均比例仅为30.96%。可见，目前，我国制造业企业的研发活动仍主要集中于产品研发，这一数据统计与我国企业的实际情况较为吻合，通过调研上海振华重工的科技处发现，该公司工艺专利数量大约占专利总数的30%，但由于企业业务发展的需要，工艺专利申请数量呈现增长趋势。

总体来看，虽然近年来我国企业专利总数不断增长，但是专利结构仍不够合理，专利质量不高，实用新型专利和外观设计专利数量较多，技术含量较高的发明专利数量较少，工艺专利数量也一直低于产品专利数量。长期以来，为了快速响应市场需求，追求即期经济效益，我国企业往往更加注重产品的升级换代，忽视了对生产流程和工艺技术的持续改进。因此，我国企业应该注重改进专利构成，提高专利质量，培养工艺创新意识，大力开展工艺 R&D 活动，使技术发展呈现良性循环。

表 4.10 为分行业对样本企业的工艺专利及专利总数进行了统计，从表中可以看出，研究期间平均每个企业每年工艺专利数量为 6.2 个，平均专利总数为 18.2 个，其中家电行业和钢铁行业的专利总数较多，钢铁行业的工艺专利数量也远高于其他行业，行业间的专利分布差异比较大。

表 4.10　专利数据的统计

项　目		家电	医药	汽车及零部件	钢铁	电子材料及电子元器件	全样本
专利总数	平均数	57.14	3.69	15.60	44.60	7.14	18.20
	标准差	120.27	7.29	56.32	126.41	17.24	69.67
工艺专利	平均数	3.20	1.44	6.45	22.23	2.62	6.20
	标准差	11.74	3.75	25.03	67.65	6.71	30.13

如图 4.1 所示，钢铁行业的专利总数最高，而医药行业和电子材料及电子元器件行业专利总数较少，行业间的专利分布与预期有所差距，可能因为电子材料及电子元器件和医药等新兴产业的技术尚未标准化，企业更倾向于保有商业秘密，而不是公开技术信息通过专利形式进行保护。中国制造企业产品专利的数量要高于工艺专利的数量，尤其是绝大多数家电企业的专利都为产品专利，唐春晖和唐要家(2006)的研究也表明，家电企业的技术创新活动多为产品创新。

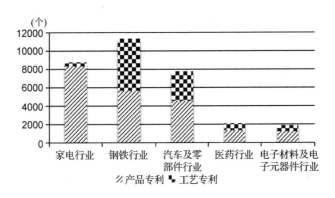

图 4.1　产品专利和工艺专利分行业比较

我国制造业上市公司工艺专利的行业分布差异很大，钢铁行业和汽车及零部件行业的工艺创新较为频繁，而家电行业、电子材料及电子元器件行业，以及医药行业的工艺专利数量在研究期间没有显著的变化。钢铁行业的创新活动是以工艺创新为导向的，工艺创新是产品创新的先导和必要条件(毛维青，等，2012)，Huergo 和 Jaumandreu(2004)的研究也发现，金属产业和汽车产业的企业表现出高于平均水平的工艺创新倾向。钢铁行业的产品品种变化不大，但是工艺流程改进确实非常普遍，企业注重追求以更低的成本、更加柔性的制造流程来进行生产，工艺研发活动比较活跃；而家电行业和电子材料及电子元器件行业中的企业更注重产品的更新换代，以满足多样化的消费需求，在有限的研发资源约束下，企业对工艺创新的重视程度相对薄弱。

研究期间，样本公司的专利意识和创新能力总体比较高。如表4.11所示，将近89%的样本公司至少持有一项专利，并且绝大多数企业会同时拥有工艺和产品两类专利，这与理论研究和创新调查结果基本一致，企业同时投资工艺和产品两种研发活动要比仅实施其中一种研发活动获得的收益更多，工艺创新和产品创新之间存在协同关系，产品创新促进了生产工艺的创新，而当成功实现某一种工艺创新后，能生产出种类更多的新产品(孟庆伟，2007)。

表4.11　2001—2020年我国企业专利申请情况

项　目	企业数量(家)	所占比例(%)
无专利	18	11.32
产品和工艺联合专利	118	74.21
只有一种专利	23	14.47
总　计	159	100.00

本章依据销售收入5亿元和50亿元的标准，将企业规模分为大、中、小3档，如表4.12所示，随着企业规模的扩大，工艺专利数量和专利总数都不断增加。大企业和小企业的平均专利数量差异非常大。销售额小于等于5亿元的小规模企业平均每年的专利数量为1.7个，工艺专利数量平均为0.782个；而销售额大于50亿元的大规模企业平均每年拥有专利64.2个，其中工艺专利数量平均为21.8个。

表4.13为工艺专利的转移概率，如果企业当期没有工艺专利，则下期有81%的概率工艺专利数量仍为零；而在当期拥有工艺专利的企业中，下一期可以继续获得工艺专利授权的比例将近80%。可见，企业工艺创新活动具有一定的连续性，

企业会在某一创新范式上持续投入。

表 4.12　专利数据统计

项　目		小型企业 (0<S≤5)(亿元)	中型企业 (5<S≤50)(亿元)	中型企业 (S>50)(亿元)
工艺专利	平均数(个)	0.782	1.780	21.800
	标准差	2.150	2.580	37.340
专利总数	平均数(个)	1.700	5.280	64.200
	标准差	2.540	5.880	94.410

表 4.13　工艺专利的转移概率

当期工艺专利(个)	下期工艺专利		总　计
	无	有	
无	81.13	18.87	100.00
有	20.62	79.38	100.00

4.3.3　制造企业工艺创新绩效分析

本节主要通过劳动生产率、固定资产周转率及固定资产增长率这三个指标来衡量我国制造企业工艺创新的实施效果,如表 4.14 所示。

表 4.14　工艺绩效的描述统计

项　目	劳动生产率(万元/人)	固定资产周转率	固定资产增长率
平均值	92.622 2	3.973 0	0.241
最大值	1 489.926	26.620 2	2.707 9
最小值	10.913 8	0.551	−0.376 3
标准差	135.368 8	3.412 3	0.389

固定资产周转率可以用来衡量企业生产技术的先进程度,固定资产周转率越高,一定的固定资产投入可以带给企业的销售收入就越高,反映出企业的生产技术也就越先进。2001—2020 年,我国制造业上市公司平均固定资产周转率呈现稳步上升的态势,反映出企业利用固定资产创收的能力越来越强,企业的生产技术

水平得到有效提升。

劳动生产率为企业营业收入与员工人数的比值,可以用以衡量企业工艺创新的实施效果,样本企业平均劳动生产率为每人 92.62 万元,但是不同企业之间的劳动生产率差异巨大,最高可达每人 1 489.92 万元,最小值仅为每人 10.91 万元;提高劳动生产率是企业开展工艺创新的主要动机之一,是工艺创新最直接的产出目标。总体来说,2001—2020 年,我国企业的劳动生产率稳步上升,表明了我国企业从追求粗放型的资本投入式的增长,开始转向追求提高效率的内涵式的增长,企业利用现有资本设备和生产流程的效率不断提高,一定程度上反映了我国企业的工艺创新取得了良好的效果。

如图 4.2 所示,分行业来看,钢铁行业的劳动生产率居五个行业之首,而电子材料及电子元器件行业的劳动生产率相对较低。电子材料及电子元器件行业和医药行业作为新兴行业,对现有生产流程的利用和学习程度还有待提高,相比较而言,钢铁行业的生产流程更加成熟,长期的生产积累使劳动者可以更加娴熟地运用现有的生产流程和工艺设备,因而其生产效率较高。

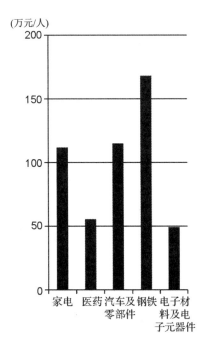

图 4.2　样本企业分行业的劳动生产率情况

机器设备等固定资产中蕴含了大量的工艺技术,是企业工艺创新的重要来源,样本企业在研究期间平均每年固定资产增长 24.1%,反映了我国企业对固定资产投资的重视程度很高,物化于资本设备中的生产技术较为丰富,企业工艺创新的潜力较大。图 4.3 所示为分行业描述了我国制造业上市公司平均固定资产增长率情况,钢铁行业的平均固定资产增长率位居五个行业之首;其次是汽车及零部件行业,其固定资产增长率将近 30%。资产设备是工艺创新的物质基础,钢铁行业较高的固定资产增长率部分解释了其很高的劳动生产率。

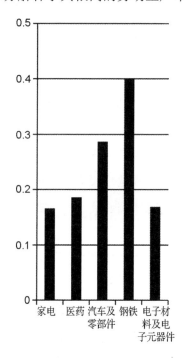

图 4.3　样本企业分行业的平均固定资产增长率情况

为了快速响应市场需求,目前我国制造企业更加强调产品的渐进性改进,追求短期的利润回报,忽视了对生产流程和工艺技术的持续创新,而且国内许多企业仍然认为产品创新才是真正的创新,对工艺创新的重视程度远远不足,表现为产品专利一直领先于工艺专利,而工艺技术水平对提高产品竞争力至关重要,对企业的长期、可持续发展具有重要意义。值得注意的是,随着工艺创新意识的不断提高和工艺技术瓶颈的日益加深,我国企业对工艺创新的重视程度正在逐渐提高。我国制造企业在强调产品研发的同时,也开始重视生产设备的更新及工艺技术的不断改进，转变创新模式，以高精端的工艺技术开发技术含量更高、附加值更高的产品，提高企业产品的边际利润。

4.4 本章小结

制造业在未来很长一段时间内仍是我国经济发展的重要增长点，制造业上市公司能够集中体现制造行业的技术水平和创新特征，具有代表性。本章首先整理了中国科技统计年鉴、全国工业企业创新调查、国家级创新型企业全样本问卷调查及欧盟创新调查等有关企业创新活动的调查报告的研究成果；其次从我国制造业上市公司的专利数据中分离出工艺专利数据和产品专利数据，并对工艺专利数据进行了统计分析，以此研究我国制造业上市公司的创新活动。

本章选取 2001 年以前沪、深两市 A 股上市的电子材料及电子元器件、家电、汽车及零部件、医药和钢铁五个行业的 159 家制造企业为研究样本。研究样本以国有、中型企业为主，总体分布于我国东部，但中西部地区钢铁企业的数量略多于东部地区。总体来看，东部地区的企业更有实力，也更愿意进行上市融资。

专利包含了有关新工艺和新产品的丰富信息，为研究企业创新活动提供了丰富的数据来源。本书首先查阅历年上市公司年报，获得纳入上市公司报表范围的母公司名称和子公司名称，再通过知识产权网按专利申请时间检索样本企业在 2001—2020 年的发明专利和实用新型专利的授权量，并采取独立专家法，从专利数据中分离出工艺专利数据和产品专利数据，作为对工艺创新和产品创新的有效衡量，通过对我国制造业上市公司专利数据进行统计分析，得出的主要结论如下。

第一，我国制造业上市公司的专利总数呈不断上升的态势，但专利结构不够合理。实用新型专利一直领先于发明专利，技术含量相对较高的发明专利数量没有得到大幅度的提高，一定程度上反映了我国企业的核心专利不足；我国制造业上市公司的工艺专利和产品专利都在逐年增长，并且工艺专利的增长速度更快，但其总数还是明显低于产品专利，工艺专利的平均份额仅为 30.96%，反映出产品研发是我国企业当前主要的研发活动。

第二，行业间专利数量的差异很大。钢铁行业、家电行业和汽车及零部件行业的专利活动相对活跃，而医药行业和电子材料及电子元器件行业专利较少；钢铁行业的工艺专利数量最多，家电行业绝大多数的专利都为产品专利；钢铁行业和汽车及零部件行业的工艺专利数量在研究期间有较大幅度的增长，而其他三个行业的工艺专利数量在 20 年间并没有显著的变化。

第三，研究期间，将近 89% 的样本公司至少持有一项专利，并且绝大多数企业会同时拥有工艺和产品两类专利。工艺专利和产品专利具有协同性；工艺专利申请行为具有一定的持续性，企业专利的初始状态对其下一期的专利行为影响很大。

第四，随着企业规模的扩大，工艺专利数量和专利总数都在不断增加，大企业和小企业的平均专利数量差异非常大。小规模企业平均每年的专利数量为 1.7 个，其中工艺专利数量平均为 0.782 个；而大规模企业平均每年拥有专利 64.2 个，其中工艺专利数量平均为 21.8 个。

本章的最后统计了我国制造企业目前的工艺创新绩效。统计分析显示，我国制造企业的平均固定资产周转率不断提高，一定的固定资产投入给企业带来的销售收入越来越多，表明我国制造企业生产设备的利用水平不断提高；劳动生产率是衡量企业工艺创新效果的重要指标，我国制造企业劳动生产率在 2001—2020 年稳步上升，其中钢铁行业的劳动生产率是五个行业中最高的，而电子材料及电子元器件行业的劳动生产率相对较低。机器设备中蕴含的工艺技术是我国企业生产工艺提高的重要物质基础，样本行业中钢铁行业固定资产的扩张速度位居五个行业之首，其次是汽车行业，其每年的固定资产增长率将近 30%，资产设备投入的增加确保了我国制造企业工艺创新未来将有较大潜力。

第 5 章

创新战略选择的实证研究

5.1 创新战略选择的研究假设

根据研究主线，本章主要探讨第一个核心问题：识别创新战略的影响因素，即具备什么样特质的企业有较高的创新产出和较大的创新意愿。在文献综述和理论分析的基础上，本章首先利用负二项回归模型研究了企业规模、出口贸易、资本密集度、吸收能力及企业产权性质等因素对产品创新和工艺创新产出的影响，其次利用 logistic 回归模型重点检验了企业规模对创新意愿的直接影响，改变了出口贸易和资本密集度的效应对企业创新意愿产生的间接作用。另外，突出强调了企业产权性质和资本密集度等因素对企业工艺创新和产品创新选择产生的差异化影响。本节从哪些因素影响企业创新产出和企业创新意愿两个角度展开理论分析，并提出了研究假设。

5.1.1 影响企业工艺创新产出的关键因素

创新战略选择与企业规模实力和技术学习能力是密切相关的。规模集中体现了企业的特质并且能够反映出企业所处的外部环境，是企业作出创新决策时需要重点考虑的因素。规模越大的企业，拥有越丰富的经济资源和技术人才，有助于企业及时跟踪先进技术及发展趋势，为工艺创新提供物质基础；产量扩大形成的规模经济能够分担研究开发的巨大成本和风险，使大企业在一些战略性、复杂的技术研发和生产工艺创新中具有优势。规模也决定了企业得益于知识外溢的程度，大企业更易从外部技术中获得学习效应，后发企业要想通过持续的外部技术引进来提升技术能力，客观上要求企业必须具备雄厚的规模实力。

纵观我国企业的技术发展历程，引进资本设备和出口贸易是我国制造企业学习先进技术的主要途径。后发企业大多是从引入发达国家的先进设备和生产技术开始发展的，最初的技术学习往往源于引入的成套机器设备，通过对工艺设备和生产线的不断应用，在"干中学"中获得了技术积累，提高了工艺技术水平。但单纯的资本设备引进并不一定会提升企业的工艺创新水平，企业还需要具备一定的吸收能力，才能够充分挖掘物化技术的积极作用。引进先进生产线和成套设备会在短时间内提高产品技术水平，但容易陷入"落后—引进—再落后—再引进"的恶性循环，企业不仅要重视外部的知识来源和技术获取，更要具备消化和吸收能力，才能将其固化为企业内部知识。吸收能力有助于增强企业的技术学习效果，是企业工艺创新成功开展的内部技术基础。

从国际市场上进行有效学习也是后发企业创新的重要源泉，出口贸易使国际技术转移更为便利。为满足出口产品严格的技术要求，后发企业会努力改进生产技术和工艺流程，提高制造水平；OEM出口合同也使后发企业得以接触先进的技术，通过设备转移形成制造能力，学习和积累产品开发知识，获得出口的技术溢出，增强技术创新能力。

1. 工艺创新和企业规模

我国大多数制造企业是从技术引进开始发展的，这就要求企业具有雄厚的资金实力作为技术创新的保障。产量扩大形成的规模经济使大企业具有成本分摊优势，刺激大企业作出更大的工艺创新努力(Tsai, 2005)。Reichstein和Salter(2006)利用英国制造企业的大规模调查数据发现，规模能够增加企业成为工艺创新者的机会，规模为企业摊销和购买新设备提供了资源，较高的替代效应损失和规模经济使大企业倾向工艺创新(叶林，2014)。另外，企业规模扩张还会使组织灵活性以及市场竞争程度下降，刺激大企业锁定原有技术轨道成为工艺创新的主要来源(高良谋，李宇，2008，2009)。

H1：规模越大的企业越倾向于开展工艺创新。

2. 工艺创新和出口贸易

在国际市场上寻求技术支持是许多后发国家迅速提升自身技术能力的重要途径，促进了企业的技术创新。出口企业工艺创新概率更高(Martinez-Ros，1999)；Haaland和Kind(2008)认为，自由贸易意味着市场规模的扩大，投资于降低成本的R&D活动就变得有利可图，更加开放的市场便于技术设备的引进，使企业在流程上更富有创新性，出口导向的企业需要持续的工艺创新来维持其在出口市场上的竞争地位(Chandran, et al., 2013), 从而提高企业的工艺创新水平。

H2: 出口行为对工艺创新具有积极作用。

3. 工艺创新和资本密集度

先进的生产设备为企业进一步创新奠定技术基础。机械化程度对工艺创新非常重要，资本密集度越高的企业越有可能开展工艺创新(Lunn, 1986); 严海宁和谢奉军(2010)也认为，工艺创新水平对先进的技术设备存在相当程度的依赖，新技术经常体现在新的资本物资中；Martinez-Ros(1999)以西班牙制造企业为样本，研究发现，资本密集型企业开展创新的机会更大；Rouvinen(2002)认为，资本密集度对工艺创新而不是产品创新具有积极的作用，一半的突变型工艺创新是与新机器设备引进相关联的；Chudnovsky 等(2006)的研究显示，物化技术是阿根廷制造企业工艺创新的重要来源；Hall 等(2009)的研究发现，新设备投资对意大利中小企业的工艺创新具有重大影响。

H3: 企业资本密集度越高，工艺创新数量越多。

4. 工艺创新和吸收能力

对引进技术的消化吸收能力的高低是技术后发企业创新能否成功的关键。对我国制造业企业来讲，引进发达国家的先进制造技术是一项非常重要的工艺创新，但只有通过消化和吸收才能将其固化为企业内部的知识(刘欣, 2017); 毕克新、丁晓辉与张铁柱(2004)提出，单纯靠引进先进设备来提高企业的工艺技术能力是不够的，企业不仅要组织技术人员对引进技术设备进行消化吸收，而且要组织工艺研发人员实现二次工艺创新，员工技能直接影响工艺创新的绩效；Chudnovsky 等(2006)也指出，劳动技能对工艺创新和产品创新活动有着显著的正向影响。

H4: 企业吸收能力越高，工艺创新数量越多。

5. 工艺创新和企业产权性质

研究中国情境下企业的创新行为，不得不考虑企业产权制度的安排。在中国经济转轨过程中，国有企业的创新行为与其他形式企业的存在显著的差异。工艺创新的经济效果通常比较隐晦并且具有很强的滞后性,不利于绩效考核,因此某些国有企业的经理人在任期内从事工艺创新的动机薄弱,与其他产权性质的企业相比,这些国有企业更加重视经济绩效容易显性化的产品创新,而不太注重降低成本和提高效率的工艺创新。

H5:国有企业更加偏好产品创新。

5.1.2 影响企业工艺创新意愿的关键因素

从某种意义上来讲,企业开展创新的意愿要比创新的数量更有价值,企业创新意愿受到哪些因素驱动是研究企业创新行为非常重要的方面。本书认为,企业规模在国际市场上的学习及资本设备的投资不仅对企业工艺创新产出具有重要影响,而且在提高企业工艺创新意愿方面也发挥着积极作用。当研究工艺创新与企业规模关系时,一些学者将企业规模作为调节变量,而不是自变量(Tsai,Wang,2005),规模的异质性使企业创新战略选择产生差异,其不仅直接作用于工艺创新活动,还会作用于资本设备和出口效应,进而间接促进工艺创新活动。因此,规模扩大对企业创新意愿的提升和有效创新成果的增加都有着积极的影响(于君博,舒志彪,2007)。

H6:规模越大,企业工艺创新的意愿越强。

出口行为本身并不能产生任何学习效应,企业的知识积累是必不可少的。规模较小或是位于欠发达地区的出口企业,可能由于缺乏必要的能力,无法使海外学习产生良性循环(Castellani,2002),规模的扩大有利于企业利用出口贸易提高自身技术水平(梁云,唐成伟,2013),出口对工艺创新的边际影响随企业规模的扩大而增加,小企业工艺创新的出口效应并不显著(Damijan,et al.,2010)。

H7a:出口企业开展工艺创新的倾向更大。

H7b:规模越大的出口企业工艺创新成功的概率越大。

Reichstein 和 Salter(2006)尝试对资本投资不同的衡量方式进行研究,但均未发现其与工艺创新的显著相关关系;Tang(2006)的研究指出,固化于硬件设备中的技术知识,增加了消化吸收的难度,资本设备反而对创新能力提升产生抑制作用,缺乏开展工艺创新和产品创新必需的人力资本、知识和技术,使资本密集度对创新活动产生负向作用(Chandran,et al.,2013)。本章假设企业规模可能在工艺创新和企业资本存量的关系中产生调节作用。

H8a:资本密集型企业开展工艺创新的概率更高。

H8b:规模越大的资本密集型企业工艺创新的倾向越大。

综上分析,有待检验的理论假设及其内在作用机理,如图 5.1 所示。

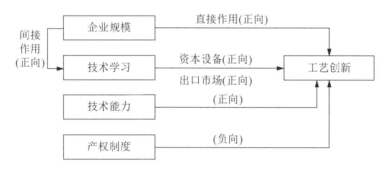

图 5.1 有待检验的理论假设及其内在作用机理

5.2 创新战略选择的研究设计

依据 5.1 的研究假设,本节对工艺创新主要影响因素进行了实证研究设计,说明数据来源、定义和度量关键变量并设定合理的研究模型。

5.2.1 数据来源

本书以 2001 年以前沪、深两市 A 股上市的电子材料及电子元器件、家电、汽车及零部件、医药和钢铁五个行业的 159 家制造业企业为研究样本,研究跨度为 2001—2020 年,共得到 3 180 个平衡面板数据观测值,平衡面板数据包含了更加丰富的信息,能够较好地控制异方差和自相关等问题。专利数据来源于国家知识产权局(SIPO),其他数据主要来自巨潮资讯网(CNINF)中各年度公司年报及国泰安数据库(CSMAR)。

5.2.2 变量说明

本章的变量名称及说明如表 5.1 所示。

表 5.1　变量名称及说明

变量名称	缩写	变量类型	预期影响	变量定义
工艺创新	PATENT	被解释变量		企业工艺专利数量
	PROCESS	被解释变量		工艺专利数量大于 0,则取 1,工艺专利数量等于 0,则取 0
企业规模	LNEMP	解释变量	+	企业员工人数的自然对数
	LNS	解释变量	+	企业销售收入的自然对数
资本密集度	CI	解释变量	+	资本与劳动之比 K/L
出口	EXPORT	解释变量	+	出口企业,则取 1,否则为 0
吸收能力	TE	解释变量	+	技术人员数量与员工总数之比
企业性质	OWNER	解释变量	-	国有企业,设为 1,否则为 0
大企业的资本密集度	S_CI	解释变量	+	企业规模与资本密集度的交叉项,计算方法:LNS×CI
大企业的出口贸易	S_EXPORT	解释变量	+	企业规模与出口的交叉项,计算方法:LNS×EXPORT
企业年龄	A	控制变量	+	2015 年与企业创建年份之差
金融约束	DEBT	控制变量	-	企业资产负债率
行业	INDUSTRY	控制变量		4 个行业哑变量

(1) 被解释变量。衡量创新行为一般采用两种方式:创新的产出角度——专利产出,以及创新的投入角度——R&D 投入。我国财务制度没有强制要求上市公司披露 R&D 支出,因此无法获得企业持续稳定的研发数据,并且 R&D 投入没有

细分为哪些是用作工艺流程改进，哪些是投资于新产品开发，如果笼统地用企业 R&D 投入来衡量工艺创新，会造成数据间的不匹配，所以从投入的角度研究工艺创新缺乏数据基础。

从产出角度研究创新的实证文献一般都是通过问卷调查的方式来获取有关产品创新和工艺创新的数据，研究结论的可重复检验性不高，基于问卷对工艺专利和产品专利进行分类并不是完美的，因为问卷调查的主观性很强，与划分创新的人员的观点有关(Simonetti, et al., 1995)。还有部分中国学者采用二手数据来衡量企业的工艺创新，也存在很大的不严谨性，比如，采用专利总量减去发明专利数来作为工艺创新的专利数据(孙晓华，等，2013)；对上市公司年报中披露的关于创新活动的战略问题进行观测，以区分出工艺创新和产品创新(徐二明，张晗，2011)；选择财务报告"在建工程"科目附注中披露的当年技术升级、生产线升级、技改升级、技措升级、技术更新改造等项目开支，作为企业工艺创新的替代变量(徐欣，2013)。

Griliches(1990)指出，专利是衡量企业发明活动的良好指标，在缺乏详细的 R&D 数据的情况下，丰富的专利数据成为 R&D 活动客观的代理指标，提供了许多研究技术问题的细节信息，且容易获得(Ernst，2001)。虽然工艺专利只能代表企业一小部分的工艺创新，但专利具有独占性，被授予专利的创新显然具有重大的商业价值，一定程度上代表了企业的核心工艺创新能力，尤其是能够反映企业的内部工艺 R&D 努力，对强调自主工艺创新具有重要意义。Scherer(1982，1984)、Lunn(1986)、Cohen 和 Klepper(1996)，以及 McGahan 和 Silverman(2001)都采用专利数据来实证研究工艺和产品研发活动。

Scherer(1982，1984)对 433 家美国制造企业在 1976 年 6 月到 1977 年 3 月期间的专利进行了分类，他假设用于原产业的专利是工艺专利，而被应用于本产业之外的专利为产品专利，这一专利分类为其他学者实证研究工艺创新和产品创新提供了数据基础。Lunn(1986)及 Cohen 和 Klepper(1996)的研究都是基于 Scherer 1982 年或 1984 年的专利数据；Mcgahan 和 Silverman(2001)在研究中假设美国和加拿大的专利分布情况一样，因此利用加拿大工艺专利所占比例来确定美国企业工艺专利和产品专利的数量。这些学者的研究为本书提供了方法借鉴，利用专利分类数据来研究工艺创新避免了问卷调查中可能出现的主观偏差，以专利形式存在的工艺创新对企业的意义更大，一定程度上代表了企业的核心工艺创新能力，有助于企业建立技术壁垒，尤其是工艺专利授权数量能够更为明确地反映出企业工艺创新的技术水平。本书从我国制造业上市公司的专利数据中分离出工艺专利，并用发明类和实用新型类工艺专利授权数量对工艺创新进行衡量，作为被解释变量。

(2) 解释变量。为验证理论假设，本章选取了若干解释变量，用销售收入的自然对数(LNS)和员工人数的自然对数(LNEMP)来验证企业规模对工艺创新的影响；用是否为出口企业(EXPORT)来检验出口贸易对工艺创新的影响；用资本密集度(CI)来检验企业资本设备存量及生产流程的机械化程度是否有利于工艺创新；用企业技术人员的比例(TE)来验证吸收能力对工艺创新的影响；用是否为国有企业(OWNER)来验证企业产权制度对工艺创新的影响；为了研究企业规模对工艺创新意愿产生的间接作用，模型中还引入了企业规模与资本密集度的交叉项(S_CI)以及企业规模与出口的交叉项(S_EXPORT)。

(3) 控制变量。债务融资是公司的重要财务决策，代表着一种特定的公司治理结构(周方召，等，2014)。资本负债率与企业的研发密度显著负相关，研发密度高的企业，其资金来源大多是权益资本(柴斌锋，2011)，资产负债率高的企业更偏向于采取保守的创新战略，这对企业创新决策有不利的影响(陈宁，常鹤，2012)。本书利用资产负债率来衡量企业面临的金融约束(DEBT)，作为一个控制变量。

Koberg 等(2003)认为，老公司更可能从事渐进性工艺创新，而不去开发激进性的产品创新，时间因素对企业能力的积累相当重要(柳卸林，等，2009)，企业存续时间越长，创新成功的概率越大，创新次数越频繁(张倩肖，等，2014)。企业年龄(A)是本章的另一个控制变量。另外，本章还将企业所处的不同行业(INDUSTRY)作为控制变量，以便分析行业间的工艺创新差异。

5.2.3 模型设定

计数数据不再服从正态分布，违背了普通线性回归的前提假设，因而通常采用非线性的计数回归模型进行分析。其中应用较为广泛的是泊松模型(poisson model)，但若数据呈现过度离散(over-dispersion)的特征，即数据方差大于均值，泊松分布就容易低估参数的标准差，从而高估其显著性水平，不能很好地拟合数据，此时可以选择负二项分布(negative binomial distribution)模型，它可以克服数据过度离中的问题，具有更大的灵活性。负二项分布是泊松分布与伽马分布的复合形态，其概率分布表达式为

$$P(Y=y) = \frac{\Gamma(y+\theta)(1-\gamma)^y \gamma^\theta}{\Gamma(y+1)\Gamma(\theta)}$$

$$y=0, 1, 2 \ldots;\quad \theta > 0;\quad \gamma = \frac{\theta}{\theta + \lambda} \tag{5-1}$$

相应的负二项回归模型为

$$\ln \lambda_{it} = \alpha + X_{it}\beta_{it} + \varepsilon_{it} \tag{5-2}$$

其中，λ_{it} 为因变量 y_{it} 的期望频数，α 为截距项，X_{it} 表示各个解释变量，β_{it} 为待估参数，ε_{it} 为随机误差向量，$\exp(\varepsilon)$ 服从 Γ 分布。

工艺专利为非负整数的计数数据，且具有过度离散性，本章建立起能同时兼顾计数变量和过度离散问题的负二项回归模型，如式(5-3)所示。数据处理及统计分析均通过 STATA11 完成。

$$\ln PATENT_{it} = \alpha + \beta_1 A_{it} + \beta_2 DEBT_{it} + \beta_3 INDUSTRY + \beta_4 OWNER_{it} + \beta_5 \ln S_{it} + \beta_6 CI_{it}$$
$$+ \beta_7 EXPORT_{it} + \beta_8 TE_{it} + \varepsilon_{it} \tag{5-3}$$

对工艺创新意愿的研究涉及企业开展工艺创新的概率问题，企业从事工艺创

新的意愿越高，工艺创新的发生概率就越大。企业是否开展工艺创新是一个二元选择的问题，即 Y 有如下取值：

$$\begin{cases} Y=1 & \text{企业成功实现工艺创新} \\ Y=0 & \text{企业未能实现工艺创新} \end{cases}$$

离散变量不遵循统计学上要求的正态分布，由普通最小二乘法估计会出现模型设定的误差，因而本书采用二元 logistic 回归模型来研究工艺创新与一组解释变量之间的关系。记为 $P=P(Y=1/X_1; X_2; \cdots; X_i)$ 表示在 i 个影响因素的作用下事件发生的概率。经过 logit 变换后得到的模型表达式为

$$\text{logit}(P) = \ln P/(1-P) = \alpha + \sum X_i \beta_i \tag{5-4}$$

其中，P 表示企业工艺创新成功的概率，α 为常数项，X_i 表示各个解释变量，β_i 为待估参数。

事件发生概率与事件不发生概率之比 $\dfrac{P}{1-P}$ 称为事件的发生比，即 odds 比率。它表示自变量每发生一个单位的变化，因变量可能发生变化的倍数。

引入交叉项可以刻画这样的作用关系：A 对 Y 有影响，X 对 Y 有影响，且 X 对 Y 的影响因 A 的变化而变化。出口和资本密集度对工艺创新的作用程度受到企业规模的影响，为了检验企业规模是否在出口和资本密集度对工艺创新的影响中起调节作用，本书引入两个交叉项：S_EXPORT 和 S_CI。

式(5-5)考察了企业规模、资本密集度、出口、企业性质、企业规模与资本密集度和出口的交叉项和行业变量对工艺创新概率的影响。

$$\log \text{PROCESS}_{it} = \alpha + \beta_1 \text{OWNER}_{it} + \beta_2 \text{INDUSTRY} + \beta_3 \ln S_{it} + \beta_4 \text{CI}_{it} + \beta_5 \text{S\_CI}_{it}$$
$$+ \beta_6 \text{EXPORT}_{it} + \beta_7 \text{S\_EXPORT}_{it} + \varepsilon_{it} \tag{5-5}$$

5.3 创新战略选择的实证结果与分析

基于理论分析和模型设定，本节在描述性统计的基础上，选择负二项回归模型和 logistic 回归模型实证研究工艺创新的影响因素，并对研究结论进行了稳健性检验。同时，本节还实证研究了不同因素对企业产品创新和工艺创新影响的差异，进而对估计结果进行了讨论与分析。

5.3.1 描述性统计

为了突出不同行业背景下企业工艺创新的差异性，本章将家电行业、汽车及零部件行业和钢铁行业划分为传统行业，而将电子材料及电子元器件行业和医药行业归为新兴行业。如表 5.2 所示，从相关系数中可以看出，工艺专利和企业规模密切相关，尤其是对传统行业来说，工艺专利与员工人数的相关系数达到 0.983，这在一定程度上反映出企业规模对企业工艺创新具有重要影响。

表 5.2 相关性分析

项 目		工艺专利		
		全样本	传统行业	新兴行业
销售收入	皮尔逊(Pearson)相关性	0.572**	0.564**	0.246**
	显著性(双侧)	0.000	0.000	0.000
员工人数	皮尔逊(Pearson)相关性	0.312**	0.983**	0.225**
	显著性(双侧)	0.000	0.000	0.000

注：**表示在 0.01 水平(双侧)上显著相关，*表示在 0.05 水平(双侧)上显著相关。

表 5.3 为工艺专利和其他主要变量的统计分析。数据显示，每个样本企业平均每年工艺专利的授权量十分有限，仅为 6.765 个，企业间工艺专利分布不均，部分样本企业研究期间没有工艺专利，而有的企业最多拥有 486 个工艺专利授权；69.7%的样本企业为国有企业；70%的样本企业为出口企业；企业平均销售收入为

68.537 亿元，销售收入最小值为 50 万元，销售收入最大值为 3 124.85 亿元；企业规模分布广泛，样本企业平均资本密集度为 2.825，不同企业间资本保有量差异很大，涵盖了劳动密集型的传统行业和资本密集型的新兴行业；样本企业的技术人员占员工总数的平均比例为 13%，最小的只有 0.4%，最大的为 84.5%，反映出样本企业的技术能力和对技术学习的重视程度存在较大差异，也有可能是行业的技术特性使这一情况发生。

表 5.3 主要变量的统计分析

变量	均值	标准差	最小值	中位数	最大值
PATENT(个)	6.765	31.538	0	0	486
OWNER	0.697	0.459	0	1	1
SALE(亿元)	68.537	179.767	0.005	16.850	3 124.85
EXPORT	0.7	0.458	0	1	1
CI	2.825	26.687	0.195	1.370	773.486
TE	0.130	0.102	0.004	0.102	0.845

表 5.4 所示为本章主要变量的 Pearson 相关系数矩阵，变量的相关系数为潜在的共线性问题提供了检验。由表 5.4 可知，主要自变量之间的相关系数都很低，最大值仅为 0.26，变量之间存在共线性问题的可能性不大，数据质量较高。

表 5.4 主要变量的相关系数

变量	A	DEBT	OWNER	LNS	EXPORT	CI	TE
A	1.00						
DEBT	0.13*	1.00					
OWNER	−0.11*	0.04	1.00				
LNS	0.12*	0.17*	0.26*	1.00			
EXPORT	0.06*	0.10*	0.08*	0.17*	1.00		
CI	0.01	0.19*	−0.03	−0.21*	−0.03	1.00	
TE	−0.14*	−0.13*	0.07*	−0.12*	−0.04	−0.01	1.00

注：*表示相关系数在 95% 的置信水平上显示。

5.3.2 工艺创新产出影响因素的分析

豪斯曼(Hausman)检验可以用来判断面板数据是适合采用随机效应模型还是

适合固定效应模型,两者的差异主要反映在对个体效应的处理上。固定效应模型中的个体差异反映在每个个体都有一个特定的截距项;随机效应模型则假设所有的个体具有相同的截距项;个体差异主要反映在随机干扰项的设定上。如果Hausman 检验的 p 值大于 0.05,则接受原假设,采用随机效应模型,否则采用固定效应模型。通过计算,本书认为采用固定效应模型更为合适。表 5.5 给出了对式 5-3 的负二项回归模型的估计结果,第(1)栏是以全部数据为样本的负二项回归结果。

表5.5 工艺创新产出影响因素的负二项回归结果(固定效应)

变量	全部数据		传统行业	新兴行业
	(1)	(2)	(3)	(4)
A	0.203****	0.232****	0.196****	0.221****
	(14.07)	(17.19)	(10.62)	(10.14)
OWNER	−0.471**	−0.496**	−0.591*	−0.450
	(−2.11)	(−2.15)	(−1.79)	(−1.40)
DEBT	−0.661**	−0.524*	−1.047**	−0.570
	(−2.12)	(−1.73)	(−2.23)	(−1.40)
LNS	0.418****		0.558****	0.176*
	(7.02)		(9.04)	(1.87)
LNEMP		0.179****		
		(5.12)		
CI	−0.000 131	−0.062 2	0.002 06	−0.003 74
	(−0.02)	(−1.51)	(0.22)	(−0.32)
TE	1.449****	2.060****	0.813	1.635**
	(3.35)	(4.46)	(1.33)	(2.42)
EXPORT	0.565***	0.587***	0.490**	0.636**
	(2.92)	(2.96)	(2.00)	(2.06)
log likelihood	−1 767.665 70	−1 778.583 50	−1 067.080 70	−695.633 46
Wald chi2(11)	568.12****	534.72****	417.25****	170.44****
N	1220	1220	680	540

注:(1) 括号中的数字为 Z 统计量,为使结果简洁,表中未列示对行业哑变量的回归结果。
 (2) *表示 $p<0.1$,**表示 $p<0.05$,***表示 $p<0.01$,****表示 $p<0.001$。

从表 5.5 中能够得出以下结论。

第一，假设1成立，工艺创新与企业规模显著正向相关。大企业在资源存量、市场力量及技术能力等方面都具有明显优势，从而保障其有能力研发重大的工艺技术，工艺专利随企业规模的扩大而增加。

第二，假设2成立，出口贸易对工艺创新具有显著的正向影响。对技术后发企业来说，与发达国家企业的贸易往来是获得先进技术的重要途径，如果企业能够有效利用出口的学习效应，并将其发挥到自身的研发活动中，必然会刺激工艺创新的开展。

第三，假设3未得到证实，资本密集度对工艺创新没有显著的影响。我国企业的工艺创新大多为生产过程中的渐进性改进，并不依赖于精密、先进的设备，同时由于缺乏必要的技术储备，企业也无法充分发挥物质资本对生产工艺的积极作用。

第四，假设4成立，吸收能力对工艺创新具有显著的积极影响。我国企业的研发活动伴随着对已有技术范式的学习和吸收，技术人员数量对企业实现工艺技术学习效果和自主工艺研发具有重要的作用。

第五，假设5成立，国有制度显著促进了企业的产品创新。国有企业开展工艺创新的积极性不如产品创新的高，高质量的产品专利、新产品产值是国有企业创新决策的重要变量，国有企业凭借产品创新不断巩固其市场竞争优势。

第六，部分控制变量与工艺创新存在显著关系。企业年龄对工艺创新具有积极作用，成立时间长短与知识积累密切相关，年龄越大的企业，就越有能力开展创新活动；创新活动具有高度的不确定性，企业负债进行创新将面临较高的债务利息率要求，破产风险加大，资产负债率过高会使企业更偏向于保守的创新战略，负债的融资方式不利于我国企业的工艺创新活动。

为了考察研究结论的稳定性，本章进行了如下的稳健性检验。

首先，考虑到企业规模的扩张有可能表现为员工人数的增加，本章将销售规模替换成员工规模(LNEMP)进行稳健性检验，结论基本一致，如表5.5 第(2)栏所示。员工人数对工艺创新也有显著的正向影响，庞大的员工数量构成企业丰富的知识基础，但是员工规模对创新的作用强度不如销售收入大，企业销售规模的增长对工艺创新具有更大的意义。

其次，文章用分行业的数据进行稳健性检验，将总体样本分为两个子样本，第一个子样本包含家电行业、汽车及零部件行业和钢铁的数据，称为传统行业；第二个子样本包括电子材料及电子元器件行业和医药行业，称为新兴行业。表5.5中第(3)、第(4)栏分别是以传统行业和新兴行业为样本的负二项回归，结果发现以下几点。

(1) 传统行业工艺创新影响因素的作用方向与全样本下基本一致，但吸收能力对该行业的工艺创新没有显著影响，这可能是因为传统行业更多的是发挥了劳动力的优势，对技术学习的要求不高，工艺创新多来源于一线员工的生产活动，而不是研发人员的创新努力。

(2) 对新兴行业的企业来说，规模对工艺创新的影响只在90%的显著性水平下通过检验，且作用强度远远小于传统行业，但是吸收能力对该行业工艺创新的作用尤为明显，说明规模经济对新兴企业创新活动的重要程度不如规模经济对传统企业创新活动的重要程度高，其创新成果更多的是依赖企业技术人员的努力，技术人员数量对新兴企业的影响更大。同时出口贸易对新兴企业工艺创新的作用程度要大于出口贸易对传统企业工艺创新的作用程度，新兴企业更易从出口贸易中获得工艺技术的学习效应。

(3) 国有制度更偏好于产品创新，这与全样本下的效应是一致的，新兴行业中的国有企业的工艺创新动机高于传统行业，这可能是因为对处于电子材料及电子元器件行业和医药等新兴行业中的企业来说，工艺技术的变革对企业形成独特的技术优势十分重要，国有企业不仅需要将创新资源投入到产品创新中，同时也必须关注工艺创新的投入，而传统行业的工艺技术已相对成熟，国有企业一般会将创新资源更多地聚焦于产品创新，以形成企业的创新优势。

(4) 与全样本的实证分析结果一样，资本密集度在新兴企业和传统企业两个样本组中仍旧没有发挥显著作用。这再一次说明，单纯的资本设备投资不足以刺激企业的工艺创新活动，我国企业对物化于资本设备中的技术的吸收和利用能力较弱。

分行业进行检验的结果表明，不同行业间的工艺创新驱动因素存在较大的差异。企业应该根据所处行业的具体特征来确定影响工艺创新的关键因素。

综上所述，规模实力对于我国企业的工艺创新的成功是至关重要的，规模是企业进行创新的物质保障，能够有力地支持技术后发企业的创新活动；年龄和技术人员数量反映了企业的学习效果和技术能力，会对企业工艺创新行为产生促进作用；无论是新兴企业还是传统企业，出口贸易都是技术学习的重要渠道，通过出口贸易获得技术溢出是我国企业工艺创新的重要来源，"出口中学习"适用于我国绝大多数制造企业；资本设备存量对企业工艺创新不存在显著影响，我国制造企业并没有受益于大量的物质资本投资；相比工艺创新，国有企业的产品创新的能力和动力更强，高负债比例较高的企业面临较大的创新风险，从而不利于企业开展创新绩效回报期较长的工艺创新。

5.3.3 工艺创新意愿影响因素的分析

对于面板数据，是采用随机效应模型还是采用固定效应模型取决于 Hausman 检验，如果 p 大于 0.05，则接受原假设，意味着随机效应模型更加合适，否则拒绝原假设，采用固定效应模型。根据 Hausman 值，全样本和新兴行业子样本采用随机效应模型，而传统行业子样本采取固定效应模型。本书使用最大似然估计法(Maximum Likelihood Estimation，MLE)对方程(5-5)的回归参数进行估计，得到的二元 logit 回归结果如表 5.6 所示。3 组数据的预测精度都达到了 72%以上，对数似然卡方(log likelihood)的绝对值越大，表明模型对数据的拟合程度越好。

表 5.6 工艺创新选择的 logit 回归结果

变量	全样本		传统行业		新兴行业	
	(1)	(2)	(3)	(4)	(5)	(6)
	logit	probit	logit	probit	logit	probit
OWNER	0.155 0	0.089 7		-0.291 0	0.474 0	0.271 0
	(0.39)	(0.39)		(-0.77)	(0.93)	(0.94)
LNS	1.248****	0.714****	1.738****	0.652***	0.931***	0.521***
	(5.60)	(5.62)	(3.47)	(3.19)	(2.77)	(2.72)
CI	-3.703***	-2.091***	-7.928**	-3.567**	-4.138**	-2.401**
	(-2.65)	(-2.65)	(-2.11)	(-1.98)	(-2.36)	(-2.39)
S_CI	0.211***	0.119***	0.407**	0.182**	0.236**	0.137**
	(2.89)	(2.89)	(2.20)	(2.08)	(2.54)	(2.57)
EXPORT	-7.709	-4.249	14.30	-2.299	-15.70**	-9.108**
	(-1.61)	(-1.57)	(0.02)	(-0.54)	(-2.03)	(-2.09)
S_EXPORT	0.398 0*	0.220 0	-0.054 2	0.109	0.801 0**	0.465 0**
	(1.78)	(1.74)	(-0.10)	(0.57)	(2.16)	(2.22)
N	1 590	1 590	590	820	770	770
log likelihood	-707.138	-706.768	-189.252	-373.612	-333.855	-333.206
Wald chi2(10)	145.42***	157.76***	139.95***	75.10***	65.10***	70.22***
Hausman	Re		Fe		Re	
chi2(4)	0.21		9.84		4.84	
Prob>chi2	0.994 7		0.043 2		0.435 1	
预测精度	73.33%		72.68%		74.42%	

注：(1) 括号中的数字为 Z 统计量，为使结果简洁，表中未列示对行业哑变量的回归结果。

(2) *表示 $p<0.1$，**表示 $p<0.05$，***表示 $p<0.01$，****表示 $p<0.001$。

全样本下工艺创新影响因素的 logit 回归分析结果如表 5.6 第(1)列。研究表明，销售收入对工艺创新具有非常显著的正向作用，这与假设 H6 一致，规模扩大对企业创新意愿的提升和有效创新成果的增加都有着积极的影响；工艺创新与出口贸易之间不存在显著关系，但考虑企业规模后，出口对工艺创新产生了正向作用，H7b 得到了验证，只有具备了一定的规模后，我国企业才能从国际市场上获取出口的学习效应，从而促进工艺技术的改进，而小型出口企业更多的是被动参与国际竞争或是参与的出口贸易技术含量低，对企业工艺创新没有明显的促进作用；

资本密集度与工艺创新显著负相关，但企业规模与资本密集度的交叉作用对工艺创新产生了显著的积极作用，H8b 得到了验证，这说明资本密集型企业并不一定有利于工艺创新活动的开展，对小企业来说，可能因为其缺少必要的技术人员和知识储备，资本密集的生产流程反而会抑制其工艺改进，企业规模越大，就越能够利用好资本设备，从而提高工艺创新的开展概率。

为了进一步考察行业间工艺创新影响因素的差异，本章将研究样本分为两个子样本，第一个子样本包含家电行业、汽车及零部件行业和钢铁行业的数据，称为传统产业；第二个子样本包括电子材料及电子元器件行业和医药行业，称为新兴产业。表 5.6 中第(3)列和第(5)列分别是传统行业和新兴行业工艺创新的 logit 回归分析结果。各个解释变量对工艺创新的作用方向和程度与全样本模型下基本一致，其中传统行业的销售规模和资本密集度对工艺创新的影响尤为显著，说明对传统企业来说，规模经济对企业创新活动的影响非常大，但受制于技术进步速度和人员的学习能力，传统企业的资本设备投资对工艺创新存在巨大的抑制作用，资本密集的生产流程反而强烈地阻碍了企业的工艺创新活动，但是传统企业规模和资本密集度对工艺创新的交叉作用强度最大，表明对传统企业来说，规模越大，越有利于企业发挥出机器设备中蕴含的技术因素；传统企业并未享受到出口对工艺创新的积极作用，大量低技术含量的出口贸易无法产生积极的出口学习效应，出口与规模的交叉项对新兴企业工艺创新的解释力度最大，表明新兴行业中的大企业更容易获得出口的学习效应，对其工艺创新能够产生巨大的促进作用。

logit 回归中离散因变量取值概率的累积分布函数为 logistic 分布。为了检验研究结论的稳健性，本章选用了另一种常用的两值离散选择模型，即 probit 模型，实证结果如表 5.6 中第(2)、第(4)、第(6)列所示，与 logit 回归结论基本一致，表明研究方法对本书结论的影响较小。

logit 模型的回归系数只有定性的意义，即只有+或-的意义，其具体数值并没有经济含义，有定量解释的只能通过 dy/dx 得到边际效应(marginal effect)。对 logit 模型来说，其边际效应表达式为

$$\frac{\partial \text{Prob}(Y_i = 1 | X_i)}{\partial X_i} = \Lambda'(X_i'\beta)\beta = \Lambda(X_i'\beta)[1 - \Lambda(X_i'\beta)]\beta \tag{5-6}$$

对于非虚拟的解释变量，一般用其样本均值代入式(5-6)中，估计出平均的边际影响；对虚拟解释变量而言，则需要先分别计算其取值为 1 和其取值为 0 时的值，二者的差即为虚拟解释变量的边际影响。Stata 默认计算平均边际效应，即分别计算在每个样本观测值上的边际效应，然后进行简单算术平均，在 Stata 软件中调用 margins 命令即可得到边际效应，计算解释变量 x_1 的平均边际效应的命令为：margins, dydx($x1$)。

当某个解释变量是非虚拟变量时，其边际效应 β 表示的是解释变量变动一个单位时对 Y 取值为 1 的平均概率的影响。如果解释变量是虚拟变量，则 β 表示虚拟解释变量取值为 1 和取值为 0 时，Y 的取值为 1 的概率的差异。

企业规模、企业规模和资本密集度的交叉变量，以及规模和出口的交叉变量的边际效应显示于表 5.7。企业规模每变动 1%，工艺创新成功概率可以提高 15.2%，可见企业规模对工艺创新存在巨大影响。企业规模和资本密集度的交叉变量每变动 1%，工艺创新的成功率将提高 2.56%；而企业规模和出口效应的交叉变量每变动 1%，则可以提高工艺创新 4.84%的成功率。

表 5.7 显著变量的边际回归结果(dy/dx)

项 目	全样本	传统行业	新兴行业
企业规模	0.152 0	0.082 1	0.070 5
企业规模×资本密集度(S_CI)	0.025 6	0.023 9	0.017 9
企业规模×出口(S_EXPORT)	0.048 4	—	0.060 6

5.3.4 工艺创新和产品创新影响因素的比较研究

为了检验企业开展工艺创新和产品创新是否受到不同因素的驱动，表 5.8 利用固定效应组内回归模型比较了企业的不同特质对创新战略选择的差异化影响。研究表明，企业年龄、企业规模、出口贸易及吸收能力对产品创新和工艺创新都具有显著的促进作用，且影响程度基本一致；单纯的资本设备投资不足以激励企业工艺创新产出，但能够显著提高企业的产品创新；资本负债率对工艺创新有负向影响，企业不倾向于通过负债的形式募集工艺创新的资金需求，但是负债比率并不影响企业产品创新，融资来源对产品创新不存在显著的影响；另外一个非常重要的发现是，国有制度显著地促进了企业的产品创新产出，产品创新一定程度上代表了更高质量的创新活动，能为企业带来更大的市场竞争力，助力企业形成创新优势，从而使国有企业更倾向于进行产品创新。

表5.8 工艺创新和产品创新影响因素的差异分析

变量	工艺创新 (1)	产品创新 (2)
A	0.203****	0.142****
	(14.07)	(12.71)
OWNER	−0.471**	0.233*
	(−2.11)	(1.69)
DEBT	−0.661**	−0.258
	(−2.12)	(−1.05)
LNS	0.418****	0.406****
	(7.02)	(8.93)
CI	−0.000 131	0.003**
	(−0.02)	(2.36)
TE	1.449****	1.037***
	(3.35)	(2.79)
EXPORT	0.565***	0.514****
	(2.92)	(3.40)
log likelihood	−1 767.665 7	−3 265.140 3
Wald chi2(11)	568.12****	563.10
N	1 220	1 590
	FE	RE

注：(1) 括号中的数字为Z统计量，为使结果简洁，表中未列示对行业哑变量的回归结果。

(2) *表示$p<0.1$，**表示$p<0.05$，***表示$p<0.01$，****表示$p<0.001$。

5.4　本章小结

如何提高工艺创新水平是我国制造企业面临的一个非常现实的问题,本章研究了具备什么样特质的企业有较高的工艺创新产出和较大的工艺创新意愿。本章采用2001—2020年我国159家制造业上市公司的观测数据,基于负二项回归模型和logistic回归模型,实证研究了影响工艺创新的关键因素。本章内容主要分为三个部分:①影响企业工艺创新产出的主要因素;②影响企业工艺创新意愿的主要因素;③实证比较了企业工艺创新和产品创新影响因素的差异性。

负二项回归结果表明企业规模、出口贸易、吸收能力和企业年龄对工艺创新数量具有显著的正向作用,相对于工艺创新,国有企业开展产品创新的意愿更加强烈,国有制度显著促进了产品创新产出,负债融资不利于企业的创新活动,高负债率的企业经营风险更大,将阻碍企业开展创新活动,资本密集度对工艺创新不存在显著影响,盲目引进先进的生产设备并不一定会对工艺创新产生积极作用,工艺水平的提高不应仅仅依赖资本的投入,企业还要大力培养技术人员,提高吸收能力,实现二次创新,充分发挥现有设备的潜力。稳健性检验的结果表明,员工人数对工艺创新也具有显著的正向影响,但是,企业销售规模对工艺创新的影响程度更大;技术人员的数量对传统行业的工艺创新没有显著影响,规模对新兴行业工艺创新的影响只在90%的显著性水平下通过检验,且作用强度远远小于传统行业,但是吸收能力对新兴行业工艺创新的影响非常显著,并且新兴行业更易从出口贸易中获得工艺技术的学习效应,出口贸易对新兴企业工艺创新的作用程度要大于传统企业;在国有制度下,企业开展产品创新的活跃度要高于工艺创新,新兴行业中的国有企业比传统行业中的国有企业开展工艺创新的动机大,无论是对于传统产业来说还是对新兴产业来说,资本密集度都不是影响企业工艺创新的关键因素。

logistic回归分析结果表明,规模越大,企业开展工艺创新的概率越高,其不仅可以直接促进工艺创新活动,还可以通过调节企业的技术学习效应——资本密集度和出口变量来间接促进工艺创新活动。大企业更易获得出口的学习效应，尤其在新兴行业中，大型出口企业对工艺创新的刺激作用更为明显，密集型资本对工艺创新的影响力也只有在大规模企业中才能够得到充分发挥，对于传统企业尤为如此。

　　本章还比较了企业的不同特质对工艺创新和产品创新选择的差异化影响。研究表明，企业年龄、企业规模、出口贸易及吸收能力对产品创新和工艺创新都具有显著的促进作用，且影响程度基本一致；单纯的资本设备投资不足以激励企业工艺创新产出，但能够显著提高企业的产品创新；国有制度显著地促进了企业的产品创新产出，且国有企业更倾向于开展产品创新。

第 6 章

创新战略对企业成长影响的实证研究

6.1 创新战略对企业成长影响的理论分析

本章研究了工艺创新对企业成长的影响。为避免内生性和样本选择偏差的问题,本章使用工具变量法,首先将由二元 logistic 回归模型得到的工艺创新概率预测值作为工具变量,研究了工艺创新对企业销售收入增长速度及员工人数增长速度的影响;其次利用企业累积 3 年的工艺专利数量作为工具变量研究了工艺创新对企业劳动生产率的影响。另外,本章还进一步地比较了工艺创新和产品创新对企业劳动生产率影响的差异。

6.1.1 理论基础与研究假设

本节从企业销售收入增长速度、员工人数增长速度及劳动生产率三个维度,对工艺创新如何影响企业成长提出了研究假设。

工艺创新的目的是变革现有产品的生产流程以节约开支,降低产品缺陷率,缩短开发周期和提高生产效率,最终提高企业销售收入和利润(Vivero,2002)。Ernst(2001)的研究表明,专利对销售收入有明显的促进作用,但在时间上要滞后 2~3 年;苑泽明等(2010)的研究发现,专利累计数量对企业滞后两年的经营绩效产生重要影响。

H1:工艺创新对企业销售增长速度具有显著正向作用。

工艺创新能够降低产品的单位生产成本,提高消费者对产品的需求,增加更多的就业机会,即工业创新产生了就业的补偿效应。工艺创新的"创造性的破坏"也可能会引发失业问题,这是因为先进的生产工艺和机器设备提高了劳动生产率,对就业产生替代效应。补偿效应和替代效应共同作用,决定了工艺创新对就业水平的整体影响。

Lachenmaier 和 Rottmann(2011)从企业层面证实了工艺创新对员工数量具有积

极影响。基于第四次欧洲创新调查的数据，Evangelista 和 Vezzani(2012)发现，工艺创新、产品创新和组织创新都可以提高企业绩效，从而对就业产生积极作用；黄解宇等(2013)利用 2009—2011 年中国制造业上市公司的面板数据，研究发现，创新对就业增长存在显著的滞后效应，并且这种滞后效应的影响要远高于当期效应，因此从长期来看，创新有助于促进就业增长；Harrison 等(2014)利用 20 000 个来自法国、德国、西班牙和英国制造业和服务业的随机样本，分别从企业和产业的角度评估了创新对就业的影响，研究表明，工艺创新提升了劳动生产率，从而降低了就业需求，但是它带来的价格下降刺激了旧产品需求的增加，弥补了工艺创新的替代效果，总体上工艺创新可以提高就业水平。

H2a：劳动生产率的提高对员工人数产生替代作用，销售规模的扩大对就业人数产生补偿作用，工艺创新总体上促进了就业。

H2b：工艺创新对生产人员数量和技术人员数量都存在积极的促进作用。

工艺创新对生产率的增长具有积极的显著影响(Vivero，2002)，工艺创新可以带来额外的生产率增长，且这种增长可以得到持续(Huergo，Jaumandreu，2004)。Reichstein 和 Salter(2006)认为，工艺创新解释了大部分的生产率增长和产业变革；Hall、Lotti 和 Mairesse(2009)的研究结论也支持工艺创新比产品创新对生产率具有更大的影响。

H3a：工艺创新对企业劳动生产率具有促进作用。

H3b：工艺创新比产品创新对企业劳动生产率的影响程度更大。

6.1.2 变量和模型

依据 6.1.1 的理论分析和研究假设，本节对使用的关键变量进行界定和衡量，并构建两个计量经济模型来实证研究工艺创新对企业成长的影响。本节首先将由 logistic 模型得到的工艺创新概率预测值作为工具变量加入企业销售收入增长率和员工人数增长率的方程中；其次利用企业 3 年的工艺专利数量作为工具变量研究工艺创新对企业劳动生产率的影响。

1. 变量定义

为了解决内生性和自选择问题,实证分析中对工艺创新使用了两种工具变量,即由 logistic 回归模型得到的工艺创新概率预测值(PRO),以及企业累积 3 年的工艺专利数量(PATENT3)。创新对企业绩效的影响往往具有滞后性,提前的创新变量或是滞后的绩效增长变量可以帮助分析这一滞后效应,PRO_i 表示提前 i 期的工艺创新预测值,$i=1, 2, 3\cdots$。

本章采用三种指标衡量企业成长——销售收入增长速度、员工人数及企业的劳动生产率。

为了减小数据波动带来的影响,本章采用差分方法对企业每年的销售收入增长率进行处理,其表达式为

$$Gt=[\log(S_t) - \log(S_{t-1})]/d \tag{6-1}$$

其中,d 代表绩效增长率跨越的年份,本章计算两年之间的增长率,因而 $d=1$,如 2001 年的销售收入增长率的计算公式为

$$Gt=[\ln(Sales2001) - \ln(Sales2000)]/1 \tag{6-2}$$

本书使用的劳动生产率通过计算企业营业收入与员工人数的比值来求得。

创新活动与绩效的关系可能受企业规模、治理结构、融资环境等因素的影响。参照周煊、程立茹和王皓(2012)利用上市公司专利数据研究技术创新对企业财务绩效影响时设立的控制变量,本章在企业成长方程中加入员工规模(LNEMP)、资产负债率(DEBT)、资本密集度(CI)、所有制类型(OWNER)和行业(INDUSTRY) 5 个控制变量。

2. 模型设定

创新水平高的企业可能销售收入成长得更快,直接使用工艺创新数量进行回归估计将会产生内生性问题,另外,并不是每个样本企业在研究期间都拥有工艺专利,直接将是否进行工艺创新的二元变量纳入方程,会产生样本选择偏差问题,

使方程只统计开展了工艺创新的企业信息。因而本节采用两种工具变量来修正潜在的偏差，改善估计质量。本节首先利用 logistic 模型得到的工艺创新概率预测值(见第 5 章)构建企业销售收入增长的方程，其次利用企业累积 3 年的工艺专利数量作为工具变量构建企业员工人数和劳动生产率的方程。

本章借鉴 Evans(1987)、Goedhuys 和 Veugelers(2012)，以及 Sleuwaegen 和 Goedhuys(2002)的研究结论，将企业成长用规模扩张和年龄带来的学习效应来解释。企业成长是关于企业规模和年龄的函数，其表达式为

$$g = S_t/S_{t-1} = g(S_t, A) \tag{6-3}$$

其中，S_t 和 S_{t-1} 分别表示企业当年和上年的销售收入或员工人数，A 为当年的企业年龄。

本节采用差分的形式估计增长函数，研究工艺创新对企业销售收入增长率的影响，并添加了可能影响企业成长的控制变量，基本模型表达式为

$$\begin{aligned}G_{it} = &[\log(S_{it}) - \log(S_{it-1})]/d = a_0 + a_1\log(S_{it}) + a_2[\log(S_{it})]^2 + \\ &a_3\log(A_{it}) + a_4[\log(A_{it})]^2 + a_5\log(S_{it})\times\log(A_{it}) + a_6\mathrm{PRO}_{it} + \\ &a_7\mathrm{CI}_{it} + a_8\mathrm{OWNER}_{it} + a_9\mathrm{DEBT}_{it} + a_{10}\mathrm{INDUSTRY}_{it} + \varepsilon_i\end{aligned} \tag{6-4}$$

工艺创新的累积效应对劳动生产率可能会产生更大的影响，因为劳动生产率的提高依赖于企业不断的努力，是长期积累的结果，企业当期的工艺创新也许并不会立竿见影地提高企业劳动生产率，但是持续的工艺创新投入将有助于企业内部运作效率的提升。为了体现工艺创新的时滞性和累积效应，本节研究了样本企业累积 3 年的工艺专利数量对企业劳动生产率的影响，模型表达式为

$$\begin{aligned}\ln\mathrm{PROD}_{it} = &a_0 + a_1\mathrm{PATENT3}_{it} + a_2\mathrm{LNEMP}_{it} + a_3\mathrm{DEBT}_{it} + a_4\mathrm{CI}_{it} + \\ &a_5\mathrm{OWNER}_{it} + a_6\mathrm{INDUSTRY}_{it} + \varepsilon_{it}\end{aligned} \tag{6-5}$$

为了检验工艺创新和产品创新对企业劳动生产率的影响是否存在差异，本节也将企业的产品专利数量加入劳动生产率方程中，研究了样本企业累积了 3 年的产品专利数量对企业劳动生产率的影响，模型(PP3)代表前 3 年累积产品专利表达

式为

$$\ln PROD_{it}=a_0+a_1 PP3_{it}+a_2 LNEMP_{it}+a_3 DEBT_{it}+a_4 CI_{it}+$$
$$a_5 OWNER_{it}+a_6 INDUSTRY_{it}+\varepsilon_{it} \quad (6\text{-}6)$$

为了研究工艺创新对就业的补偿效应和替代效应，本节假定企业劳动生产率的变化全部来源于工艺创新，由工艺创新驱动的销售收入可以根据式6-7进行估算。销售规模越大的企业，专利数量也可能更多，直接纳入当年工艺专利进行回归估计会产生内生性问题，但企业的累积工艺创新活动(过去3年专利数量之和)与企业当年的销售收入之间不会存在内在的关联性，可以将其作为工具变量来修正潜在的偏差，从而避免了内生性问题，同时也体现了企业工艺创新的累积作用。

$$\ln S^{*}=a_0+a_1 PATENT3_{it}+a_2 CI_{it}+a_3 OWNER_{it}+a_4 DEBT_{it}+a_5 INDUSTRY_{it}+\varepsilon_{it} \quad (6\text{-}7)$$

其中，PATENT3是样本企业过去3年拥有的工艺专利数量总和，模型中加入了4个控制变量：CI为人均资产，OWNER为股权性质(0或1变量，国有企业为1，否则为0)，DEBT是企业的资产负债率，INDUSTRY为4个行业虚拟变量。LNS*是由工艺创新驱动的销售收入。采用当前价值的自然对数形式。

$$\ln E=a_0+a_1 PATENT3_{it}+a_2 LNP_{it}+a_3 LNS^{*}_{it}+a_4 CI_{it}+a_5 OWNER_{it}+$$
$$a_6 DEBT_{it}+a_7 INDUSTRY_{it}+\varepsilon_{it} \quad (6\text{-}8)$$

模型6-8估算了工艺创新的就业效应。考虑到工艺创新的就业替代效应和补偿效应的滞后性，模型中将劳动生产率和工艺创新驱动的销售收入滞后一期，PATEN3是企业近3年工艺专利数量之和；劳动生产率(LNP)定义为企业当前价值的营业收入与员工人数的比值，采用自然对数形式；LNS*是由模型6-7预测的与工艺创新有关的销售收入，控制变量和式6-7一致。

根据研究假设，本节利用回归模型6-9检验工艺创新对企业生产人员(PE)数量和技术人员数量(TE)的影响。

$$\ln PE(\ln TE)=a_0+a_1 PATENT3_{it}+a_2 LNP_{it}+a_3 LNS^{*}_{it}+a_4 CI_{it}+a_5 OWNER_{it}+$$
$$a_6 DEBT_{it}+a_7 INDUSTRY_{it}+\varepsilon_{it} \quad (6\text{-}9)$$

6.1.3 描述统计与讨论

本节对实证分析中的关键变量进行了描述统计。首先对工艺专利数量按规模分组进行了统计;其次利用方差分析法比较了有工艺专利和无工艺专利两组企业的销售收入增长率和劳动生产率是否存在显著差异。

企业规模是影响工艺专利数量的重要因素。如表 6.1 所示,大企业和小企业的平均专利数量差异非常大,销售额小于等于 5 亿元的企业中,平均每个企业每年的工艺专利数量不足 1 个;而在销售额大于 50 亿元的企业中,工艺专利平均为 21.80 个,远远大于中小企业组。因此,企业规模越大,工艺专利数量越多且申请工艺专利的意愿也会提高。

表 6.1 工艺专利数据统计

单位:亿元

项目		小型企业 (0<S≤5)	中型企业 (5<S≤50)	大型企业 (S>50)
工艺专利(个)	平均数	0.782	1.78	21.80
	标准差	2.15	2.58	37.34

如表 6.2 所示,无工艺专利的样本企业或是平均每年专利数量少于 1 个的样本企业的平均销售收入增长率为 15.71%,有工艺专利的样本企业的平均销售收入增长率为 18.75%,总体样本企业的平均销售收入增长率为 17.16%。直观上来看,有工艺专利样本企业的销售收入增长速度要明显高于无工艺专利样本企业的销售收入增长速度。

表 6.2 销售收入增长率的统计分析

项目	样本量	均值	标准差	极小值	极大值
无工艺专利组	83	0.157 1	0.114 3	−0.177 1	0.601 7
有工艺专利组	76	0.187 5	0.103 7	−0.050 4	0.493 0
总体样本	159	0.171 6	0.110 1	−0.177 1	0.601 7

为进一步检验工艺专利对企业销售增长的影响，本节使用方差分析方法，比较了有工艺专利、无工艺专利的两组企业的销售收入增长率是否存在显著差异。方差分析是对两个及两个以上样本均值是否相等的显著性检验，用以验证某一变量的不同水平对另一变量是否产生影响。方差分析要求分析变量具有正态性和方差齐性，因此在进行方差分析之前，需要对数据的分布特征和方差齐性进行检验(见表6.3)。

表6.3 方差齐性检验

Levene 统计量	df1	df2	显著性
0.894	1	157	0.346

如表6.3所示，在95%的置信水平下，Levene 统计量不显著，因此接受方差相等的原假设，两组企业销售收入增长率数据具有方差齐性。根据变量的累积比例与指定分布的累积比例之间的关系绘制图形，结果表明：有工艺专利企业组的销售收入增长率的累计概率和无工艺专利企业组的销售收入增长率的累计概率都大体分布于正态分布的对角线上，说明两组样本数据符合正态分布。进一步通过非参数 Kolmogorov-Smirnov(K-S)来检验样本数据的正态性，如表6.4所示，K-S 统计量不显著，接受原假设，即样本为正态分布。

表6.4 单样本 Kolmogorov-Smirnov 检验

项 目		有工艺专利组	无工艺专利组
样本量		76	83
正态参数	均值	0.187 5	0.157 1
	标准差	0.103 7	0.114 3
最极端差别	绝对值	0.132	0.091
	正	0.132	0.091
	负	−0.105	−0.076
Kolmogorov-Smirnov Z		1.149	0.828
渐近显著性(双侧)		0.143	0.499

上述检验表明，两组销售收入增长率数据符合正态分布且方差齐性，可以进

行方差分析。

表 6.5 所示为单因素方差分析的结果，在 10%的显著性水平下，F 统计量显著。因而拒绝原假设，认为两组数据之间存在显著差异。

表 6.5　单因素方差分析

项　目	平方和	df	均　方	F	显著性
组间	0.037	1	0.037	3.054	0.082
组内	1.878	157	0.012		
总数	1.915	158			

方差分析的结果表明，工艺专利对我国制造业上市公司的销售收入增长率存在显著影响，工艺创新是影响企业销售收入增长速度的关键因素，鼓励企业积极开展工艺创新活动是促进企业销售收入增长的有效途径。

同理，本节也采用方差分析方法检验工艺创新是否为企业劳动生产率的关键影响因素。如表 6.6 所示，无工艺专利的样本企业或是平均每年专利数量少于 1 个的样本企业的劳动生产率平均为 700 662.34 元/人，有工艺专利的样本企业的平均劳动生产率为 1 172 555.94 元/人，总体样本企业的平均劳动生产率为 926 221.55 元/人。直观上来看，有工艺专利样本企业的劳动生产率要明显高于无工艺专利样本企业的劳动生产率。

表 6.6　劳动生产率(营业收入/员工人数)的描述统计

单位：元/人

项　目	样本量	均　值	标准差	极小值	极大值
无工艺专利组	83	700 662.34	764 389.94	109 138.33	3 900 147.52
有工艺专利组	76	1 172 555.94	1 761 756.6	130 180.70	14 899 256.91
总体样本	159	926 221.55	1 353 687.96	109 138.33	14 899 256.91

在进行方差分析之前，需要对数据的分布特征和方差齐性进行检验。如表 6.7 所示，在 5%的显著性水平下，Levene 统计量不显著，因而接受方差相等的原假设，两组劳动生产率数据具有方差齐性。

表 6.7 方差齐性检验

Levene 统计量	df1	df2	显著性
0.894	1	157	0.081

根据变量的累积比例与指定分布的累积比例之间的关系绘制图形，结果显示：有工艺专利企业组的劳动生产率的累计概率和无工艺专利企业组的劳动生产率的累计概率都大体分布于正态分布的对角线上，可以判定两组样本数据符合正态分布。

劳动生产率数据满足方差齐性且符合正态分布，表 6.8 所示为工艺创新对企业劳动生产率影响的单因素方差分析的结果，在5%的置信水平下，F 统计量显著，因而拒绝原假设，认为两组数据间存在显著差异，即有工艺专利企业的劳动生产率要明显高于无工艺专利企业的劳动生产率，工艺创新对我国制造业上市公司的劳动生产率存在显著影响。因此，鼓励企业积极开展工艺创新活动，对提高我国制造业企业内部运作效率具有积极的作用。

表 6.8 单因素方差分析

项目	平方和	df	均方	F	显著性
组间	8 834 515 366 234	1	8 834 515 366 234	4.941	0.028
组内	280 695 916 235 695	157	1 787 872 077 934		
总数	289 530 431 601 929	158			

6.2 工艺创新对企业销售收入增长影响的分析

本节使用固定效应的组内回归模型估计工艺创新对企业销售收入增长率的影响(见式 6-4)。表 6.9 第(1)栏是将原始的工艺创新二元变量作为解释变量纳入增长方程，因此只有创新企业的数据会进入模型，样本不再是随机的，会产生选择性偏误问题，模型设置的不适当使变量的显著性不理想；第(2)栏是将由 logistic 回归得出的工艺创新概率预测值作为工具变量纳入增长方程；第(3)栏显示了工艺创新对滞后一期的企业销售收入增长速度的影响；第(4)栏至第(6)栏分别揭示了工艺创新对滞后三期到滞后五期的企业销售收入增长速度的影响。

企业创新活动的开展需要投入大量的资源,因此在一定时期内,创新对企业的销售收入增长可能产生负向作用。在本书的研究中,工艺创新对滞后1~2期的企业销售收入增长率存在消极影响(未在表6.9中列示),但随着滞后期的推后,这种负向影响会逐渐消失。

表6.9 工艺创新对销售收入增长率影响的固定效应组内回归结果

变 量	(1)	(2)	(3)	(4)	(5)	(6)
LNS	0.228	0.139	1.189****	0.619*	1.034***	0.652
	(0.96)	(0.58)	(4.64)	(1.80)	(2.81)	(1.54)
LNS2	−0.008	0.009	−0.018**	0.003	−0.006 67	0.002
	(1.12)	(1.33)	(−2.50)	(0.31)	(−0.67)	(0.15)
LNA	2.195****	2.020****	0.504	1.840	2.313*	2.062
	(3.72)	(3.41)	(0.73)	(1.50)	(1.48)	(0.97)
LNA2	−0.053	−0.068	−0.084	0.056	−0.231	−0.189
	(−0.97)	(−1.26)	(−1.16)	(0.37)	(−1.11)	(−0.64)
LNSLNA	−0.112****	−0.101****	−0.033	−0.131**	−0.09	−0.09
	(−3.69)	(−3.30)	(−0.93)	(−2.42)	(−1.36)	(−1.07)
PROCESS	−0.044					
	(−1.42)					
PRO		−0.015***				
		(−3.00)				
PRO1			−0.009****			
			(−11.30)			
PRO3				0.001***		
				(2.95)		
PRO4					0.003****	
					(5.96)	
PRO5						0.004****
						(5.75)
OWNER	0.218	0.222	0.254	0.22	0.282	0.321
	(0.51)	(0.52)	(0.63)	(0.49)	(0.65)	(0.74)
CI	−0.007****	−0.02****	−0.004****	−0.005****	−0.004****	−0.004****
	(−9.61)	(−4.46)	(−4.82)	(−6.15)	(−4.82)	(−3.34)
DEBT	−0.298***	−0.313 ***	−0.28 ***	−0.628****	−0.845****	−0.412*
	(−2.98)	(−3.13)	(−2.66)	(−4.25)	(−5.30)	(−1.90)
R^2(within)	31.23%	31.56%	40.02%	40.05%	49.37%	39.68%

注:(1) 括号中的数字为T统计量。
(2) *表示$p<0.1$,**表示$p<0.05$,***表示$p<0.01$,****表示$p<0.001$。

从第 3 年开始，工艺创新对企业销售收入增长产生正向作用，并且这种正向作用的滞后效应非常显著，随着滞后期的延续，工艺创新对企业销售收入增长速度的积极影响越来越大，但样本量的减少会产生共线性问题，因而本节仅展示了工艺创新对滞后五期的销售收入增长率的影响。从表 6.9 第(6)栏可以看出，工艺创新对企业滞后五期的销售收入增长率的影响远远大于较小滞后期的，这表明工艺创新对企业成长具有强烈的滞后作用，随着时间的推移，工艺创新的积极作用会愈加显现。

产权性质并不是影响企业销售收入增长的关键因素，国有企业与其他性质企业的销售收入增长率没有显著差异，二者经济效益均保持较快增长，经济运行态势良好。我国企业大量的资本设备也没有发挥出应有的效应，资本密集度与企业销售收入增长速度负向相关，大量资本设备投资并没有转化为企业的经济绩效。由于技术水平的限制，我国企业未能充分发挥出现有物质资本的潜力，对机器设备的利用率不够，资本密集的生产流程反而抑制了企业绩效的增长。负债融资虽然可能给企业带来杠杆效应，但是债务比例过高会产生较大的破产风险，因而表现出不利于企业销售收入增长的消极作用。

为了检验研究结论的稳定性，本节按营业收入规模将样本企业分组，研究了工艺创新对大中型企业和中小型企业成长的影响，如表 6.10 所示。分组检验的结果显示，工艺创新对企业当期销售收入的影响不显著甚至为负，但从第 3 年开始，工艺创新对企业的销售收入增长率产生了显著的正向作用，这一结论与全样本下的研究结论是一致的，大中型企业的工艺创新对销售收入增长的影响更大。在规模分组的稳健性检验中，资本密集度对企业成长仍存在消极影响，并且这种消极影响对大中型企业尤为显著，这一事实表明，即便企业有足够的实力引进成套、先进的制造设备，也不足以直接激发企业的经济绩效增长及生产效率提升。负债融资对大中型企业的成长产生负向作用，但并不显著。而中小型企业的高负债比例会显著抑制企业成长，并且作用程度非常大，这可能是资本市场的不完善使中小企业的债务成本更高。

表 6.10　不同规模企业的工艺创新对销售收入增长率的比较

变　量	大中型企业		中小型企业	
	预测值	滞后三期	预测值	滞后三期
LNS	−0.303	−0.105 7	0.256 4	−0.461 2
	(−1.13)	(−0.30)	(0.51)	(−0.67)
LNS2	0.021 2***	0.023 7**	0.006	0.03*
	(2.86)	(2.48)	(0.44)	(1.68)
LNA	3.077 2****	3.696 4***	1.965 2**	2.722 6
	(4.81)	(2.81)	(2.21)	(1.56)
LNA2	−0.036	0.169 8	−0.039 5	−0.155 9
	(−0.62)	(1.08)	(−0.53)	(−0.78)
LNSLNA	−0.157****	−0.237****	−0.103 4**	−0.128 6
	(−4.68)	(−3.92)	(−2.09)	(−1.47)
PRO	−0.001 8		−0.015 1***	
	(−0.15)		(−2.81)	
PRO3		0.002***		0.001 4***
		(2.99)		(2.75)
OWNER	0.261 1	0.287	0.214 4	0.185 5
	(0.66)	(0.70)	(0.47)	(0.39)
CI	−0.011 9	−0.010 5****	−0.020 4****	−0.006 6****
	(−1.18)	(−10.63)	(−4.09)	(−5.27)
DEBT	0.021 9	−0.154 3	−0.361 4***	−0.829 4****
	(0.19)	(−0.91)	(0.19)	(−4.75)
R^2(within)	30.56%	39.9%	33.58%	43.92%

注：(1) 括号中的数字为 T 统计量。

(2) *表示 $p<0.1$，**表示 $p<0.05$，***表示 $p<0.01$，****表示 $p<0.001$。

表 6.11 将样本企业分为新兴企业和传统企业，实证结果也表明，工艺创新抑制了企业当年的销售收入增长速度，但从第 3 年开始对企业销售收入增长率产生了正向作用。稳健性检验结果为表 6.9 的实证结果提供了支持，说明本实证分析的结论具有稳定性和可靠性。

新兴企业和传统企业的分组检验发现了一些其他有意义的信息。新兴企业规模对销售收入增长的作用呈现倒"U"形态势，企业规模扩张到一定程度后，开始对企业成长产生阻碍作用；而传统企业规模对销售收入增长的作用呈现"U"

形,即只有当传统企业的规模扩张到足够大时,才能表现出对企业成长的促进作用,企业年龄的作用效应正好相反,年龄越大的新兴企业,销售收入增长速度越慢;而年龄越大的传统企业,其销售收入增长速度越快,但新兴企业规模和年龄的交叉作用与企业成长显著负向相关。负债比例越高,新兴企业面临的经营风险越大,企业销售收入增长速度放缓;而传统企业充分享受到负债融资的杠杆效应,资本负债率与企业成长正向相关。资本密集度不利于传统企业的销售收入增长,但显著地提高了新兴企业的成长速度,这和企业的技术能力密切相关,新兴企业能够更好地应用机器设备提升企业效率,从而提高企业销售收入增长速度。

表6.11 新兴企业和传统企业销售收入增长率比较

变 量	新兴企业		传统企业	
	预测值	滞后三期	预测值	滞后三期
LNS	2.167 1****	2.413 2***	−1.113 2****	−1.384 3****
	(3.70)	(3.10)	(−3.52)	(−3.50)
LNS2	−0.041 1***	−0.051 8***	0.043 5****	0.056 7****
	(−2.65)	(−2.64)	(5.04)	(5.35)
LNA	−0.218 2	−3.559 7*	4.854 1****	6.588 0****
	(−0.22)	(−1.94)	(6.20)	(4.20)
LNA2	−0.091 6	−0.034 1	0.026 4	0.163 6
	(−1.10)	(−0.16)	(0.36)	(0.84)
LNSLNA	−0.000 2	0.137 8	−0.244 8****	−0.361 5****
	(−0.00)	(0.128)	(−6.32)	(−5.36)
PRO	0.011 7		−0.040 9***	
	(1.16)		(−2.61)	
PRO3		0.001 1*		0.001 7**
		(1.87)		(2.46)
OWNER	0.261 1	0.209 9		
	(0.66)	(0.48)		
CI	0.012 6	0.003 2**	−0.047 4****	−0.015****
	(1.27)	(2.13)	(−3.52)	(−13.48)
DEBT	−0.703 7****	−0.962 7****	0.203 4	0.224 9****
	(−5.57)	(−5.23)	(1.33)	(0.98)
R^2(within)	38.06%	47.62%	37.37%	48.97%

注:(1) 括号中的数字为T统计量。
(2) *表示$p<0.1$,**表示$p<0.05$,***表示$p<0.01$,****表示$p<0.001$。

6.3 工艺创新对企业员工规模扩张影响的分析

工艺技术短板严重制约了我国制造企业的产品升级,工艺创新是企业转变增长方式的关键。然而,工艺创新是否会威胁到对劳动力的需求?机器是否会替代人呢?作为人口大国,理解我国企业创新的就业效应至关重要。大多数证据表明,产品创新可以创造就业机会,但工艺创新是否具有积极的就业效应仍不明确。工艺创新和就业水平之间不存在理论上的确定关系,因而有必要进行实证检验。工艺创新的就业效应会影响创新政策的有效设计,而且评估工艺创新对不同类型员工需求量的差异化影响对明确人才培养导向具有十分重要的价值,本节从企业层面研究我国制造企业工艺创新的就业效应。

本节使用固定效应组内估计量(within estimator)评估了工艺创新对企业就业水平的影响。工艺创新对销售收入及员工人数影响的固定效应组内回归结果如表6.12,第(1)栏是对工艺创新引起的企业销售收入的估算,第(2)栏和第(3)栏分别是当期工艺创新及累积工艺创新对企业就业的影响,第(4)栏和第(5)栏分别是累积工艺创新对企业生产人员数量和对企业技术人员数量的影响。

表6.12 工艺创新对销售收入及员工人数影响的固定效应组内回归结果

变量	LNS	LNE		LNPE	LNTE
	(1)	(2)	(3)	(4)	(5)
PATENT3	0.002 0****		0.001 1****	0.000 6*	0.001 9****
	(6.88)		(3.41)	(1.91)	(4.54)
PATENT		−0.004 8***			
		(−3.02)			
LNP_{t-1}		−0.136 9****	−0.125 4****	−0.197 9****	−0.093 7**
		(−5.34)	(−4.52)	(−6.57)	(−2.54)
LNS^*_{t-1}		0.308 6****	0.212 3****	0.297 4****	0.214 4****
		(6.82)	(4.41)	(5.69)	(3.36)

续表

变量	LNS	LNE		LNPE	LNTE
	(1)	(2)	(3)	(4)	(5)
CI	−0.010 4****	−0.001 3**	−0.000 8	−0.001 7***	−0.000 8
	(−17.25)	(−1.98)	(−1.40)	(−2.57)	(−0.96)
OWNER	−0.766 3		−0.490 1	−0.381 9	0.113 9
	(−1.28)		(−1.58)	(−1.04)	(0.29)
DEBT	0.914 5****	0.620 6****	0.664 3****	0.885 8****	0.589 0****
	(5.52)	(5.00)	(5.10)	(6.27)	(3.41)
R^2(within)	24.5%	7.96%	8.88%	11.23%	6.91%

注：(1) 括号中的数字为 T 统计量。

(2) *表示 $p<0.1$，**表示 $p<0.05$，***表示 $p<0.01$，****表示 $p<0.001$。

固定效应组内回归的实证结果表明如下内容。

(1) 工艺创新可以促进企业的销售规模。

(2) 短期来看，工艺创新对企业当年的就业人数会产生抑制作用，但是企业的累积工艺创新可以创造就业机会。

(3) 生产效率的提高对就业人数产生替代作用，而工艺创新引致的销售规模的扩大对员工需求产生了补偿效应。

(4) 工艺创新对技术人员数量的促进作用要高于其对生产人员数量的促进作用。

先进生产技术和效率更高的机器设备往往会对即期劳动力产生替代作用，减少了人员需求，这种替代效应对生产人员尤为显著，但是工艺创新对未来员工规模的替代效应不再显著，企业累积工艺创新对员工规模总体上表现为促进作用。工艺创新带来的销售规模扩大明显促进了下一期就业人数的增加，产能扩张使企业需要更多的生产人员和技术人员，这表明工艺创新的补偿效应超过了其替代效应，工艺创新整体上表现出员工友好的特性；资本设备存量对企业员工规模产生了负向作用，资本可以替代劳动，大量先进设备的应用节约了劳动力；产权性质并不影响企业员工数量增长，国有企业和其他性质企业对员工的需求不存在明显的差异；负债比例高的企业对员工存在更大的需求。

本节的实证研究结果证实了工艺创新不会使就业流失，反而会创造更多的就业机会，尤其是加大了对技术人才的需求。生产人员和技术人员的区分是本章实证分析的一个重要改进。工艺创新具有技术偏向性，就业效应在技术人员中更为明显。"业务窃取效应"(business stealing effect)可用于解释工艺创新积极的就业效应，这也消除了企业和政府推广使用先进工艺技术和制造装备及生产流程智能化改造的顾虑。

尽管本节在利用专利数据估计工艺创新的就业效应方面进行了有意义的尝试，但仍存在一些不足。工艺创新只是企业提高劳动生产率的一种途径，非创新性的生产改进也会提高劳动生产率，本节假设劳动生产率的提高全部源于企业的工艺创新活动，并不严谨。另外，从微观层面研究企业员工人数和创新活动的关系往往忽视了宏观经济产生的就业效应。本书研究跨度为2001—2020年，这期间正是我国经济高质量增长的时期，繁荣的宏观经济形势无疑会创造更多的就业机会，影响对企业创新的就业效应评估。

从解决我国就业问题的角度来看，企业应该正视工艺创新的积极作用。鼓励企业开展工艺创新不仅能够提高工艺流程的竞争力，而且能够创造就业机会。因此，本研究提出如下建议。

第一，加大对工艺创新的投入和对工艺专利的保护力度，完善鼓励企业工艺创新的政策体系。这样不仅能够提高我国企业的工艺创新能力，而且从长远看能够创造更多的就业机会。

第二，加大对工艺技术人才的教育投资，完善相关的职业技术培训体系，以满足工艺创新对高技术人才日益增长的需求。

6.4　工艺创新和产品创新对劳动生产率影响的比较分析

为了更加清晰地比较工艺创新和产品创新对企业成长的差异化影响，本节利用固定效应组内回归研究了累积 3 年的工艺专利数量和产品专利数量对企业劳动生产率的影响[见式(6-5)和式(6-6)]，如表 6.13 所示。

表 6.13 工艺创新和产品创新对企业劳动生产率影响的比较

变 量	累积 3 年的产品专利数量 (1)	累积 3 年的工艺专利数量 (2)
LNEMP	−0.357 1****	−0.361 7****
	(−10.91)	(−10.90)
CI	−0.009 7****	−0.009 7****
	(−18.72)	(−18.61)
DEBT	0.560 1****	0.563****
	(3.91)	(3.89)
OWNER	−0.462 7	−0.464 6
	(−0.90)	(−0.89)
PP3	0.000 9****	
	(5.65)	
PATENT3		0.001 2****
		(4.54)
R^2(within)	30.26%	29.55%

注：(1) 括号中的数字为 T 统计量。
(2) *表示 $p<0.1$，**表示 $p<0.05$，***表示 $p<0.01$，****表示 $p<0.001$。

企业员工规模对劳动生产率具有显著的负向作用，员工人数越多，越不利于企业的生产效率；大量资本设备也阻碍了企业提高劳动生产率，这有可能是企业缺乏必要的技术能力，导致对先进设备利用率不足和应用困难，从而使企业的生产效率下降；负债融资有利于企业劳动生产率的提高，为了规避破产风险，负债比例高的企业会更加关注企业生产效率的提升；国有企业在提高劳动生产率和运营效率等方面与其他性质企业不存在明显差异，产权性质不是影响企业生产效率的关键因素；累积 3 年的工艺专利数量和累积 3 年的产品专利数量对企业劳动生产率都具有显著的促进作用，且工艺创新对企业劳动生产率的作用程度更大，这表明工艺创新对促进企业内部效率和长期竞争力具有更重要的意义。

工艺创新和产品创新对企业劳动生产率影响的稳健性检验，如表 6.14 所示。

无论是新兴企业还是传统企业,工艺创新对企业劳动生产率的促进作用都要大于产品创新,尤其是对新兴企业来说,工艺创新对企业劳动生产率的促进意义更大,医药行业和电子材料及电子元器件行业更加依赖工艺技术的不断革新来提高自身的运营效率。传统企业的负债比例越高,越有利于企业提升生产效率,这可能是因为外源融资可以弥补传统企业的资金劣势,突破了资源约束对企业生产效率增长的限制,而其他变量对企业劳动生产率的作用程度与全样本的基本一致。

表6.14 工艺创新和产品创新对企业劳动生产率影响的稳健性检验

变量	新兴企业		传统企业	
	产品创新	工艺创新	产品创新	工艺创新
	(1)	(2)	(3)	(4)
LNEMP	-0.394 7****	-0.393 6****	-0.391 9****	-0.397 5****
	(-8.15)	(-8.19)	(-8.61)	(-8.58)
CI	-0.008 0****	-0.008 0****	-0.011 0****	-0.011 0****
	(-11.89)	(-11.92)	(-14.39)	(-14.29)
DEBT	-0.074 5	-0.062 3	1.493 1****	1.523 9****
	(-0.43)	(-0.36)	(6.06)	(6.11)
OWNER	-0.625 9	-0.621 7		
	(-1.33)	(-1.33)		
PP3	0.003 4*		0.000 8****	
	(2.30)		(4.50)	
PATENT3		0.006 2***		0.000 9****
		(2.89)		(3.35)
R^2(within)	30.26%	29.55%	33.84%	32.72%

注:(1) 括号中的数字为T统计量。
 (2) *表示$p<0.1$,**表示$p<0.05$,***表示$p<0.01$,****表示$p<0.001$。

6.5 本章小结

本章以我国 159 家制造业上市公司为样本,利用工艺专利数据实证研究了 2001—2020 年企业工艺创新对销售收入增长率、员工人数增长率及劳动生产率的影响,也比较分析了工艺创新和产品创新对企业劳动生产率影响的差异。为避免内生性和样本选择偏差等问题，本章使用工具变量法，首先将二元 logistic 回归模型得到的工艺创新概率预测值作为工具变量，利用固定效应组间估计方法研究了工艺创新对企业销售收入增长速度及员工人数增长速度的影响；其次利用企业累积 3 年的专利数量作为工具变量研究了工艺创新和产品创新对企业劳动生产率的影响，文章还对实证结果按大中型企业和中小型企业，以及传统企业和新兴企业进行了分组的稳健性检验。

本章首先对工艺创新和企业规模进行了描述性统计分析，大企业和小企业拥有的平均专利数量差异非常大，销售额小于等于 5 亿元的企业中，平均每个企业每年的工艺专利数量不足 1 个；而在销售额大于 50 亿元的企业中，工艺专利平均为 21.8 个，远远大于中小企业组。本章还利用方差分析研究了有工艺专利的企业、无工艺专利的企业的销售增长率及劳动生产率是否存在显著差异，结果表明，有工艺专利企业的销售收入增长速度和劳动生产率都要明显高于无工艺专利的企业。

工艺创新对企业销售收入增长影响的实证分析表明，从第 3 年开始，工艺创新对企业销售收入增长速度出现正向作用，即工艺创新对滞后 3 年的企业销售收入增长速度具有促进作用，并且这种促进作用的滞后效应非常显著，随着滞后期的延续，工艺创新对企业销售收入增长速度的正向影响越来越大，大中型企业尤为如此。

工艺创新对企业员工规模影响的实证分析表明，工艺创新对企业当年的就业人数会产生抑制作用，但是工艺创新促进了销售规模的扩大，从而对员工数量产生补偿效应。长期来看，企业累积工艺创新(过去 3 年的工艺专利总和)可以创造就业机会，进一步的实证研究表明，工艺创新对技术人员数量的促进作用要高于对生产人员数量的促进作用。

为了更加清晰地分析工艺创新和产品创新对企业成长影响的差异，本章利用固定效应组内回归研究了过去 3 年累积的工艺专利数量和产品专利数量对企业劳动生产率的影响。实证分析表明，工艺创新和产品创新对企业劳动生产率都具有显著的促进作用，且工艺创新对企业劳动生产率影响的程度更大，这表明工艺创新对促进企业内部效率和长期竞争力具有更重要的意义。

本章的研究结论肯定了工艺创新有利于企业更快成长，并且工艺创新比产品创新更有利于企业劳动生产率的提高，是企业长期竞争力的保障。中国制造业企业要认识到工艺创新对企业成长促进作用的滞后性，不能忽视工艺创新的积极效应，从而以工艺创新带动企业长期、稳定发展。

第 7 章

▶▶▶▶ 上汽集团案例研究：
企业规模与创新战略选择

7.1 研究背景分析

在企业的技术发展历程中,始终伴随着产品创新和工艺创新的协同发展,尤其是离不开工艺创新的支持。我国主要汽车企业大都是从引进国外成熟生产技术开始发展的,通过对引进车型的国产化和工艺技术的模仿创新,技术水平有了长足的提升。随着自主创新能力的提高,中国汽车制造企业开始转向突变型,对企业未来发展具有长期战略意义的工艺创新的研发。

上海汽车集团股份有限公司(以下简称"上汽集团")的发展可称得上是我国汽车行业的一个有代表性的缩影。本章通过对上汽集团创新实践活动的深度剖析,研究了制造业企业应如何选择与自身规模和技术能力发展相适应的创新战略,以促进企业的经济绩效和市场地位的提升。本章的案例分析有助于深入研究中国情境下企业创新的特殊问题,更好地佐证前文提出的理论框架和实证分析,并对相关内容进行有意义的补充。

本节从技术演进轨迹和产业规模发展两个角度对我国汽车行业的环境背景进行分析,并借鉴韩国现代汽车集团发展经验,提出了我国汽车企业现阶段创新面临的主要挑战。本节最后介绍了上汽集团的发展历程,明确了案例研究的具体情境。

7.1.1 中国汽车企业创新面临的挑战

现代汽车集团成立于1967年,是韩国汽车工业最具代表性的车企。现代汽车集团最初依靠福特的技术支持进入汽车制造产业,其第一代产品是以CKD方式组装从福特公司引进的Ford Cortina牌汽车。通过不断的技术学习,1975年,现代汽车集团开发出第一款自有品牌Pony车型,自此韩国成为世界第16个具有独立生产轿车能力的国家。从技术复制(Pony车型)起步,到技术改进(Pony II车型),推进到合作开发(Grandeur车型),最后上升到完全自主研发(Accent车型),现代汽车集团构建起完整的技术成长路径。当现代汽车集团着手开发汽车关键部件——

发动机时，化油器型发动机成为当时的技术标准，但现代汽车集团决定开发技术尚未成熟的电控喷射型发动机，这一跨越式的技术战略虽然需要现代汽车集团承担巨大的研发风险并投入大量资源，但使其得以在较短的时间内实现技术赶超，在新的技术范式上掌握了主动权，在发动机技术领域达到了世界先进水平。

1975 年现代汽车集团自主设计的"Pony 车型"投产时，现代汽车集团汽车年产量为 7 100 辆；1980 年，年产量已超过 6 万辆；1985—1990 年现代汽车集团开发出 Excel 等车型时，年产量已超过 60 万辆。1991 年以后，现代汽车集团持续开发出 Accent 等车型，总产量突破了 150 万辆，巨大的产能使现代汽车集团获得了明显的规模经济效应，巩固了现代汽车集团在韩国甚至国际汽车市场的竞争优势，为其深入开展技术创新活动提供了有力的支持。

韩国现代汽车集团的发展经验为中国汽车企业的创新实践活动提供了借鉴。我国汽车产业创新面临着三个主要挑战：一是核心生产技术能力薄弱；二是处于汽车技术范式变革的关键时期；三是生产规模普遍偏小，规模经济发展不充分。这三个挑战为中国汽车企业的未来发展指明了方向，中国汽车企业只有真正明确自身发展瓶颈，才能更好地组织企业的生产和研发活动。

7.1.2　中国汽车产业发展规模

我国汽车产业经过几十年的快速发展和产业结构调整，整体竞争力得到了显著提升。经济规模是汽车企业竞争力的集中体现，生产规模越大，企业配置资源的效率和攻克关键工艺技术的意愿就会越高，引导汽车企业间资源的优化重组必将是中国汽车产业未来发展的方向。

20 世纪 50 年代初期，我国从苏联成套引进技术和装备，建成了年产 3 万辆载货车规模的第一汽车制造厂，开启了中国汽车产业的发展历程。改革开放初期，我国提出了"以市场换技术"的产业发展思路，合资合作成为中国汽车产业发展的典型模式。1983 年，北京汽车制造厂与美国克莱斯勒汽车公司正式成立中国第一家整车合资企业——北京吉普汽车有限公司，拉开了我国汽车产业利用外资的序幕。20 世纪 80 年代，我国汽车工业有重点、有选择地引进了 170 多项先进技术,不仅包括整车技术,还包括零部件技术,涵盖了汽车工业的主要领域。截至1998年,我国汽车行业已与20多个国家和地区的企业建立了600多家外商投资企业,形成"三大""三小""两微"的布局。

1990年以后,中国轿车产量表现出快速增长的势头,占汽车总产量的比例大幅提高。加入WTO后,我国汽车产业迎来全面发展时期,汽车产销量得到了快速提高。2008年国际金融危机对全球汽车工业造成沉重打击,但受益于国内经济持续快速发展和政府一系列的鼓励措施,2009年我国汽车产量、销量双双超过1 300万辆,一跃成为世界第一大产销国,2010年汽车产量、销量更是突破1 800万辆,超过美国市场历史上最高的年汽车销售量,中国汽车产业取得了令人瞩目的发展速度(见图7.1、图7.2)。

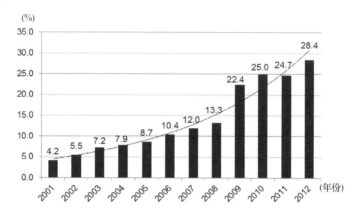

图7.1 2001—2012年我国汽车行业的销售情况

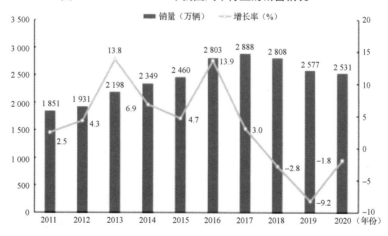

图7.2 2011—2020年我国汽车行业的销售情况

2001—2010年，我国汽车行业处于高速增长阶段，实现了从年销仅百万辆到千万辆级别的跨越，快速进入汽车大国行列。自2011年开始，我国汽车行业进入"微增长"时期，2011年，全国汽车市场增速呈缓慢稳定下降趋势，但销量仍超过1 800万辆；2012年，我国汽车销量为1 931万辆；2013年，我国汽车行业产量、销量双双突破2 000万辆规模；2014年，汽车产量与销量分别完成2 372.29万辆和2 349.19万辆，比上年分别增长7.3%和6.9%；2015年，汽车产销量超过2 400万辆大关，乘用车的销量首次超过2 000万辆，同比增长7.30%，增速高于汽车总体2.6个百分点；2016年，汽车产量与销量分别完成2 811.9万辆和2 802.8万辆，再创历史新高；2017年，汽车产量与销量的增长速度变缓，汽车销量离3 000万辆只差一步之遥。

自2018年起，中国汽车产销量连续三年下滑，但与此同时，在国家政策的引导和鼓励，以及降低污染和减少能耗的市场需求的双重推动下，中国新能源电动汽车快速崛起，2010—2020年，全球新能源汽车的总产量超过了1 000万辆，而我国新能源汽车的产量占据了世界总产量的44%左右。2012年是我国新能源汽车"十城千辆"示范推广工作的收官之年，也是我国新能源汽车跨入万辆级别的起步之年，新能源汽车销量为12 791辆。2018年新能源汽车销量首次突破100万辆。2020年，中国新能源汽车销量达136.7万辆，较2019年增加了16.1万辆。2021年的销量直接上升至352万辆，同比增速达157.5%，尤其是纯电动车。2021年中国品牌纯电动乘用车销售达192万辆，占国内纯电动车总量的80.3%。目前，中国已成为世界最大的新能源电动汽车市场，连续多年产销量全球第一，新能源电动汽车市场成为中国汽车市场规模稳定增长的关键变量。

自2004年上汽集团以461位首次进入世界500强以来，中国汽车企业入围数量不断增多，总体排名不断上升。2021年，世界500强中以乘用车为主营业务的整车公司有23家，其中中国汽车企业共有7家，占比为30%，但无论是从营业收入、总资产来看还是从整车销售量来看，中国整车企业的经营规模都普遍偏小。上汽集团以1 075.55亿美元营业收入成为世界500强排名第一的中国汽车企业，但和丰田2 567.22亿美元营业收入相比，中国汽车企业销售规模差距较大。

7.1.3 中国汽车产业技术发展转型

与外方的合资合作使发展之初的中国汽车产业的整体技术水平得到了显著的提高，我国汽车企业在"干中学"和"用中学"的过程中逐渐形成强大的生产能力，掌握了现有车型的生产技术，基本实现了零部件的国产化，培养了大量技术创新人才，为自主创新打下了基础。但受技术许可的制约，合资企业中的外方仍拥有产品技术的实际控制权，特别是对前沿技术、高端技术控制严格，中方的技术开发基本上还停留在对引进车型的国产化和本土化改造，在核心零部件和平台技术方面缺乏自主知识产权，核心技术空心化问题非常严重，一些自主品牌车带有明显的模仿痕迹，甚至形成严重的技术依赖，很难独立开发新产品。

我国主要汽车集团的销售规模大多是旗下合资公司贡献，虽然自主品牌乘用车的销量逐年递增，市场影响力也在不断扩大，但自主品牌尚未形成真正的竞争力。如表7.1所示，2005—2017年，我国自主品牌乘用车的销量在稳步增加，自主品牌占有率有了较为明显的提升，2018—2020年，全国汽车销量有所下滑，自主品牌乘用车销量下滑趋势明显，表现为自主品牌的占有率有所下降。2020年，中国自主品牌乘用车共销售774.9万辆，占乘用车销售总量的38.4%，市场占有率比上年同期下降0.8个百分点，这与全球第一大汽车消费市场的地位是极其不匹配的，反映出消费者对国产车的产品技术和质量的不信任。整体来看，我国自主品牌汽车的品牌价值在不断提升，但尚未处于中国汽车市场的主导地位，自主品牌汽车仍有较大的发展空间。

表7.1　2005—2020年中国自主品牌乘用车销量及市场占有率

单位：万辆，%

项　　目	2005年	2006年	2010年	2011年	2016年	2017年	2018年	2019年	2020年
乘用车销量	276.77	386.95	949.43	1 012.27	2 437.7	2 471.8	2 371	2 144.4	2 017.8
自主品牌占有率	26.25	25.42	30.89	29.11	43.2	43.9	42.1	39.2	38.4

我国汽车企业更加重视生产能力的形成和硬件的投入，忽视了生产工艺的不

断改进和创新，虽然短期内可获得良好的市场效应，但很难实现可持续发展。汽车行业核心零部件的门槛很高，对自主品牌整车厂商而言，如果不能掌控核心零部件的生产技术，整车毛利就非常微薄，国内汽车企业与国际先进技术水平之间的差距也将会持续扩大。

我国汽车产业正处于汽车技术范式变革的关键时期，智能汽车、新能源汽车为中国汽车产业赶超欧美、日本汽车产业提供了机会。中国汽车企业必须努力提高自身的技术水平，紧跟世界汽车技术的发展方向，积极推动新能源汽车技术、智能汽车技术的研发，争取在新兴技术领域中形成核心竞争力，提升自身在国际市场上的战略地位。当前中国企业在核心三电系统(电池系统、电驱系统、电子控制系统)领域位居全球领先地位，智能座舱、智能辅助驾驶等技术的研究与发展也紧跟全球一流的水准，这是中国汽车企业第一次有了与全球同步的技术实力。新能源汽车、智能汽车是中国汽车行业弯道超车、实现跨越式发展的重要契机。

7.1.4 上汽集团的发展概述

上汽集团是中国三大汽车集团之一，主要业务涵盖整车、零部件的研发、生产、销售，以及相关的汽车服务贸易和金融业务，是国内 A 股市值最大的汽车公司。上汽集团坚定地奉行"不是第一就是落后"的信念，其价值理念分别为：满足用户需求(satisfaction from customer)、提高创新能力(advantage through innovation)、集成全球资源(internationalization in operation)、崇尚人本管理(concentration on people)。四个价值理念的英文首字母连起来正好是公司的英文简称"SAIC"。

上汽集团旗下拥有上海汽车(600104)、华域汽车(600741)和上柴股份(600841)三家上市公司，整车上市率为99%以上，是国内第一家拥有全产业链的汽车上市公司。上汽集团下属整车企业包括全资乘用车分公司，合资企业上海通用、上海大众、上海申沃，控股企业上汽通用五菱、上汽依维柯红岩及新南汽等，建成广西上汽通用五菱、沈阳上海通用北盛、烟台上海通用东岳、青岛上汽通用五菱分部、重庆上汽依维柯红岩、南京新南汽、上海大众四厂、仪征上海大众五厂及无锡上汽商用等九大整车基地。目前，上汽集团拥有 4 个整车厂(上海临港、江苏南京、江苏仪征及英国长桥)、2个发动机厂(上海临港和江苏南京)和3个技术中心(上海安亭、江苏南京和英国长桥),已经具备了较强的生产能力和产品开发能力,形成"四面八方"的全国性整车战略布局。

并购式发展在上汽集团的成长历程中功不可没,其不仅使企业生产规模迅速扩大,尤为重要的是带来了优势的人才资源和技术资源,弥补了自身技术的不足,缩短了技术研发时间和与跨国汽车企业的技术差距,大幅提升了上汽集团的技术能力和制造能力。

2002年,为完善微型车产品系列,上汽集团、美国通用汽车公司和柳州五菱汽车公司共同组建了上汽通用五菱,开创了"中中外"的合资模式,合作的第一年就开发出拥有自主知识产权的"五菱之光",稳居微型客车市场第一名;同年,上汽集团开展了5 970万美元的海外投资,参股美国通用—韩国大宇汽车重组项目,开创了中国汽车企业收购国外汽车企业股权的先河,上海通用"凯越"和上汽通用五菱"乐驰"的原型车都来自通用大宇;2004年,上汽集团成为韩国双龙汽车的控股股东,双龙主产的SUV和柴油发动机有效补充了上汽的产品体系;2004年年底,上汽集团收购英国罗孚(Rover)品牌的全部知识产权,并在此基础上迅速创建了中高端自主品牌;2006年,上汽集团与依维柯公司合资成立上汽依维柯商用车投资有限公司,并于2007年重组了重庆红岩汽车公司,建成上汽集团依维柯红岩商用车公司,上汽集团由此大规模进入重卡领域;2007年12月,上汽获取了南汽MG现成的整车、发动机生产线及品牌的资源,将同是源自罗孚的MG品牌的技术归属上汽,生产线归属南汽的割裂状态统一起来,使荣威和MG两个品牌共享生产平台,为上汽带来了整合优势,上汽集团还拥有了原南汽集团的技术中心,全面接收了MG品牌的知识产权和研发团队,南汽在英国的研发中心也全部并入了上汽英国体系;2009年年底,上汽集团与通用汽车合资成立了通用上汽香港投资有限公司,并以此为平台,合作到印度开展直接投资,"借船出海"不但为上汽集团拓展亚洲新兴市场提供了机会,还使其学到了通用汽车丰富的海外直接投资经验,加深了双方战略联盟关系。

除了整车板块,上汽集团还整合了上海汽车变速器有限公司、联合汽车电子有限公司、上海汇众汽车制造有限公司,以及华域汽车系统股份有限公司等企业,形成完整的零部件供应体系,业务涵盖发动机、变速箱、底盘、电子电气、制动系统、内外饰等汽车部件的研发和生产。为把握新能源技术发展范式,上汽集团与宁德时代新能源科技股份有限公司、英飞凌科技股份公司分别在电池电芯、电池系统、IGBT 模块等核心部件上开展深度合作,与宝武集团、上海机场集团、上海化工区和华谊集团等伙伴开展"氢"战略合作,共建共享燃料电池汽车产业生态,逐步形成完善的新能源产业链布局。

7.2　上汽集团工艺创新实践的发展历程

上汽集团的工艺创新实践经历了引进汽车生产技术,形成具有国际先进水平的汽车生产和制造能力,最终实现自主设计和开发的历程。上汽集团一方面加强与德国大众、美国通用等全球著名汽车公司的战略合作;另一方面集成全球资源,加快自主创新步伐,推进自主品牌建设,逐步形成合资品牌和自主品牌共同发展的格局。上汽集团的技术发展历程体现了工艺创新和产品创新的协同,是一条以工艺创新带动产品创新,继而推动企业成长的发展路径。

7.2.1　工艺技术学习——合资企业先进的工艺流程

合资企业先进的工艺技术和设备为上汽集团提供了学习机会。生产人员通过操作合资企业精密、高端的工艺设备和生产线,积累了大量的产品生产经验,更为可贵的是,合资企业在华的研发中心为上汽集团培养了大量的汽车技术人才,中方人员的产品设计和工艺技术研发能力得到大幅提升,上汽集团借此积累了宝贵的技术数据,为自主技术创新奠定了坚实的基础。

1. 上海大众

1984 年,上汽集团全套引进德国大众桑塔纳轿车及其制造技术,成立全国第一家乘用车合资生产企业——上海大众有限公司,开创了上海汽车工业的新纪元。凭借上海大众的优势,上汽集团在20世纪90年代成为中国乘用车市场的绝对霸主,50%的市场占有率一直延续到1999年前后。上海大众自成立以来,其产品开发人员主要从事消化、吸收德国技术及零部件国产化工作,桑塔纳轿车国产化率从起步时的2.7%,提高到1990年的60%,到1997年年底,国产化率已经超过90%,桑塔纳轿车的国产化成为上汽集团技术发展的突破口,为其积累了宝贵的技术经验。

仪征工厂是上海大众重要的战略生产基地,于2012年7月正式投产,厂区占地面积为128.05万平方米,规划产能为60JPH(每小时生产60辆车),年产能为30万辆,因此也被称为"分钟工厂"。上海大众仪征工厂相当高的自动化程度,以及处于世界领先水平的生产工艺保证了上海大众的产品在中国市场享有很高的美誉度,工厂主要由冲压车间、车身车间、油漆车间和总装车间等部分组成。冲压车间拥有两条总吨位分别达6 900t和8 100t的自动高速压机生产线、两台试模压机、一台数控加工中心和一台机械手模拟器,车间采用机械手送料,精准、快速地作业,避免了人工搬运过程中可能出现的钢板变形或刮伤,高速柴垛系统可以在不停机的状态下更换垛料,保证了生产线可以实现连续、快速、自动化换模,适于小批量、多品种柔性化生产,比停顿式生产节能约20%,极大地提升了生产效率;车身车间拥有近400台机器人,自动化率超过了70%,全车间有四个在线测量工位,通过14台机器人监控802个点,对白车身的重要尺寸实现100%监控,在多个重要的定位焊工位中,配置了德国大众全新的自适应焊接控制器,可自动调节焊接时间和电流,极大地提高了焊点的质量和稳定性。另外,车身车间还以定位单面点焊工艺取代了传统的凝胶工艺,可以让产品表面无焊核,尺寸控制更精确,质量稳定,并能减少98%的毒气排放,且不受外界环境温度变化的影响;油漆车间的面漆生产线共采用了96台全自动喷涂机器人,通过先进的水溶性油漆、无中涂技术,以及全自动喷涂和检测等新材料、新技术的应用,在保证产品质量的同时,大幅提高了油漆的利用率,机器人在90s的时间内可以对每台车身的50个点自动检测,确保油漆漆膜厚度的均匀性和漆膜厚度要求;总装车间配备了底盘与车身的合装线,以及全程高度自由升降式整车吊架,可以在离地10cm到4.5m

的范围内进行升降控制，使工艺安排不受车身高度的限制。底盘和车身的合装线将复杂的底盘合装工作分解到 10 个合装工位进行，底盘合装自动定位，减少了人工操作可能存在的误差和缺陷。

2. 上海通用

1997 年，上汽集团与美国通用汽车公司合资成立上海通用汽车有限公司，上汽集团坚持"先技术合作，后市场合作"，以寻求更大的主动权，同年双方各出资 50%组建了中国第一家中外合资汽车设计开发中心——泛亚汽车技术中心，注册资金为 6 900 万美元，开创了跨国公司在中国合资建立汽车研发基地的先河。2000 年，泛亚成功引进、开发了第一辆赛欧成品车，承担了其中近 90%的本土化改进项目；2004 年年底，由泛亚和上海通用联合设计开发的别克君威系列车型赢得中国汽车工业科技进步奖，泛亚完成君威 10 个大项、38 个子项的全新设计或改进，以及试验、试制到上市的全过程，新开发零件 600 余个，占全车零件的 35%；2006 年发布的别克君越意味着泛亚完成了从车型的小改款到大改型开发的跨越；2007 年"别克未来—Buick Riviera"的设计更是合资品牌自主创新的代表作，是第一款由中国设计团队主导设计的全球概念车，标志着泛亚已经具备整车开发能力。泛亚技术中心承载着为合资汽车本土化开发的使命，对通用中国的成功起到至关重要的作用。此外，泛亚还承担了为上汽集团自主品牌提供研发服务与支持的职能，每年有约 5%的技术人才"合理流失"到上汽集团的自主品牌研发中心。

上海通用汽车已形成上海浦东金桥、烟台东岳、沈阳北盛和武汉分公司四个乘用车生产基地，其中东岳南厂、金桥南厂、金桥北厂和北盛南厂相继通过制造质量(built in quality，BIQ) 4 级评审。BIQ 认证是通用汽车为降低产品缺陷的一种质量控制管理方法，用以衡量通用全球工厂制造体系的实施水准和制造质量水平。BIQ 等级从 Level1 到 Level4，4 级是目前的最高等级。通用汽车全球 169 家工厂中，目前只有 11 家工厂通过了 BIQ 4 级认证，上海通用汽车就占了其中的 4 家，名副其实地成为通用汽车全球最高水准的整车工厂。

武汉分公司配备了世界先进水平的工艺设备及国际高标准环保设施，能为上海通用汽车带来每年 24 万辆整车的新增产能。武汉分公司的冲压车间拥有 2 条高速全自动冲压生产线、1条全自动开卷落料生产线,设计产能为每分钟60冲次,通用汽车在该车间首次采用一模多件工艺,大幅提升了冲压效率,从传统的15.8件/分钟提升至31.6件/分钟,整线换模仅需3min,处于世界领先水平。车身车间是武汉工厂四大车间中自动化率最高的车间,拥有452台机器人,自动化率高达97%,每个外板总拼高密度机器人工位布置了高达16台焊接机器人,可高效完成焊点232个。油漆车间内先进的薄膜前处理工艺、3-WET喷涂工艺、机器人内部喷涂工艺等,均在产品品质和环境保护方面达到了全球领先水平。薄膜前处理工艺采用锆氟酸作为反应介质,与传统锌系磷化工艺相比,转化膜厚度变薄,基本实现无渣、无酸、无重金属排放,更加环保;3-WET喷涂工艺取消了中涂喷房和中涂打磨,挥发性有机化合物排放降低至$35g/m^2$以下,达到国际一流水平;喷房使用4个机器人替代手工喷涂,不仅节约油漆材料,更降低新风量,节约能源。总装底盘线采用现代化EMS+VAC机运设备,通过高精度托台,实现了车身和底盘的精准定位和拼合,拼合精度可达0.1mm;总装内饰线使用了国内领先的双向可升降大平板,实现了多平台柔性化生产,通过工位高度的自由升降进一步优化了人机工程。

7.2.2 自主工艺技术研发——罗孚技术和"荣威"品牌

罗孚产品不仅是英国豪华轿车的典范,更是英国汽车工业的象征,其最为经典的车型有20世纪五六十年代的P5、P6车型,以及20世纪90年代以后诞生的Rover75、Rover25,尤其是Rover75不仅秉承了原Rover的基因,还融入了宝马的汽车设计理念与技术,在欧洲先后获得20多个重要奖项,其中不乏"世界年度最佳车型"等巨奖。Rover的产品质量、设计、动力性与操控性均处于国际领先水平。2004年12月,上汽集团以约6 700万英镑的价格收购了罗孚,拥有了Rover 75、Rover 25产品及全系列发动机的知识产权和技术平台,跨出了通过购买成熟海外技术来发展自主品牌的第一步。不仅如此,上汽集团还吸纳了罗孚公司的核心研发团队,成立了上汽海外(欧洲)研发中心——Ricardo 2010,委托英国知名的发动机和变速箱研发机构Ricardo管理,并于2007年正式更名为上海汽车英国技术中心有限公司。

并购罗孚使上汽集团获得了具有自主知识产权的乘用车生产技术,缩短了建立自主品牌的时间。罗孚主要的研发团队也弥补了上汽集团在自主研发方面的短板,使其能够最大化利用好罗孚的知识产权,让"死的图纸"真正变成"活的技术",同时,罗孚品牌的影响力也提高了上汽集团在世界市场的知名度,为上汽集团国际化经营打下了基础。

2007年,上汽集团专门成立乘用车分公司,主要承担自主品牌荣威和MG的研发制造,建成上海临港、南京浦口和英国长桥3个生产基地,目前已形成BP1平台(荣威750)、BP3平台(荣威950)、IP平台(荣威550/MG6)、AP平台(荣威350/MG5)、ZP平台(MG3)、SUV平台(荣威W5)及Sigma平台(MAX8)等。荣威临港工厂占地面积为120万平方米,有冲压、车身、油漆、总装四大工艺车间,还有一个发动机厂,总投资为35.6亿元。临港工厂整体布置紧凑合理,各个厂房之间通过全自动运输线连接,便于场内物流沟通和四大工艺车间的运输转换,既保证了在运输过程中的车身安全,同时也保证了运送的速度和准确性。临港工厂共有3条冲压线和1条开卷线,其中1号线、2号线由济南二机床厂设计制造。冲压1线冲压能力为4 000 t,设备投资为6 139万元,400T数控液压垫、6轴机器人送料装置有6台,整线换模时间为10min;冲压2号线冲压能力为6 000 t,设备投资为8 301万元,450T数控液压垫、6轴机器人送料装置有7台,整线换模时间为10min;冲压3号线为最新引进日本小松社设计制造的5 000T全集成横杆式高速伺服冲压线,冲压能力为5 000 t,设备投资为1.83亿元,更换模具速度最快只需3.5min,工作节拍为40JPH。临港工厂自动化设备的应用极大地降低了工人的劳动强度,削减了生产成本,加快了生产运作效率,满足了市场对自主品牌汽车不断增长的需求。

7.2.3 战略性工艺创新合作——新能源技术的发展

新能源汽车是现代汽车工业实现可持续发展的必然选择,早在2001年,上汽集团就开始探索燃料电池领域,并于2009年明确了"重点加快推进混合动力和电动汽车产业化,同时推动燃料电池汽车研发升级和示范运行"的新能源汽车发展技术路线。新能源汽车项目是上汽集团第二阶段自主创新战略的技术主线,是其转型发展的关键。2010年8月,上汽集团与美国通用公司宣布联合开发新一代环保节能动力总成技术,包含高效能小排量系列发动机和干式双离合变速器,这是中国汽车企业首次与国际汽车集团在动力总成这一核心技术上进行联合开发;2010年11月,双方又签订了战略合作备忘录,进一步加强了在新能源汽车基础技术研发和新一代车型开发等核心领域的合作,两大汽车集团共享新能源汽车产业化中积累的技术和市场经验;2011年,双方又宣布以泛亚技术中心为全球研发基地,联合开发新一代电动车平台,上汽集团、美国通用汽车公司及其合资企业以此为基础推出了各自的新型电动车产品。截至2012年,上汽集团已投入46亿元用于新能源汽车研发,形成国内领先的"电机、电池和电控"的三电研发能力,实现了轻混、强混和电动车的全覆盖。

与以往"市场换技术"的合作不同,上汽集团与通用汽车公司新一轮的合作已上升到联合开发、共享知识产权的层面,是双方基于未来发展战略的高层次合作,合作范围涉及属于汽车行业核心技术的发动机、变速器等动力总成,双方合作搭建的新能源技术平台,对上汽集团在新能源市场上形成领先的技术优势具有重大意义。上汽集团还专门成立燃料电池汽车事业部,全面负责燃料电池汽车的开发工作。

2015年,上汽集团明确将新能源汽车、互联网汽车、智能制造、汽车服务和汽车金融作为未来重点发展领域;2017年,上汽集团新能源汽车、互联网汽车的核心技术研发升级,第二代电驱变速箱和电池管理系统、电轴、逆变器等"三电"关键部件,以及全新电动车E架构的自主开发工作持续推进;2018年,上汽集团成立上海捷氢科技有限公司,加快了燃料电池汽车的商业化发展,上汽300型燃料电池长堆开发取得重要阶段成果,试制试验功率已达到全球领先水平;2019年,上汽加快提升"三电"系统的自主核心能力,第二代EDU电驱变速箱成功批产上市,EDU G2 Plus、电轴、HairPin电机、专属电动车架构、全新一代电子电器架构等技术和产品的自主开发工作持续推进,并在燃料电池前瞻技术领域,启动了400型燃料电池电堆和系统的开发,以加快提升面向未来的技术竞争力。

在新能源技术领域，上汽集团与行业头部企业展开深入的战略合作，强强联合，借力发力，快速提升自己在"三电"领域的技术实力。

(1) 上汽-麦格纳(太仓)汽车科技有限公司。

麦格纳国际集团是全球最多元化的汽车配件供应商，在电驱动总成领域的技术处于领先地位。上汽集团旗下的华域汽车与麦格纳所属全资子公司——麦格纳(太仓)汽车科技有限公司，于2018年共同投资设立华域麦格纳电驱动系统有限公司，其中华域汽车持股50.1%，麦格纳科技公司持有剩余的49.9%。麦格纳将为新成立的合资公司带来高度集成的电驱动技术，华域麦格纳主要生产新能源汽车电驱动系统总成产品，短短几年间，已经建成了国内一流、国际领先的电驱动试验中心，并获得了中国合格评定国家认可委员会(CNAS)授予的实验室认可证书。此次新能源电驱动系统的合作，有助于上汽集团完善新能源汽车核心零部件产业链的布局，使公司加速成为具有国际影响力的新能源汽车核心零部件供应商。

(2) 上汽-宁德时代。

宁德时代在电芯、模组领域的技术优势明显，2017年，上汽与宁德时代合资成立电池PACK工厂——上汽时代，主要经营范围为动力电池系统的开发、生产及销售。2021年6月，上汽时代第十万套PACK下线。2021年12月，上汽时代首条无模组一体化量产线启用，意味着上汽时代形成了从电芯到PACK的无模组一体化装配制造能力。上汽还与宁德时代合资成立了一家电芯企业——时代上汽，主要为上汽旗下的新能源乘用车厂商供应电芯，形成36万台锂离子动力电池系统的年产能。上汽与宁德时代在动力电池领域的合作优化了上汽集团的产业链布局，时代上汽和上汽时代已经成为当前动力电池市场不容忽视的重要力量，为上汽集团动力电池供应提供了稳定的保障。

(3) 上汽-英飞凌公司。

复合全控型电压驱动式功率半导体器件(IGBT)是电驱动力总成的核心零部件，国产化率低，技术门槛高。中国IGBT行业由国际企业主导，其中英飞凌占据近50%的市场份额。2018年，上汽与英飞凌科技集团合资成立上汽英飞凌公司，上汽持股 51%，英飞凌持股 49%，主要进行汽车级 IGBT 电力电池驱动模块的应用开发、生产和销售。2020 年，上汽英飞凌第七代 IGBT 顺利量产，产品性能世界领先，成本较进口成本大幅下降，为上汽集团 IGBT 供应提供了重要保障。

7.3 工艺创新与上汽集团发展

上海通用和上海大众在我国汽车市场上具有明显的品牌优势，这与其强大的生产体系密不可分，先进的工艺流程和稳定的生产工艺可以提高产品的附加价值，保障了产品质量的可靠性及市场的美誉度。目前，上汽集团旗下三家主要合资企业——上海通用、上海大众和上汽通用五菱在全国乘用车销量排名中位列前十，如此优良的市场表现不得不归功于上汽集团对工艺流程和生产技术的不断改进和创新。

在消化、吸收罗孚技术的基础上，自 2006 年以来，上海汽车不断推出荣威系列自主品牌轿车及发动机等关键零部件总成，拥有了一批具有自主知识产权的技术，这标志着上汽集团从以合资合作为主进入合资合作与自主开发并举的新阶段。"荣威"取意"创新殊荣，威仪四海"，尽管其问世时间不长，但上汽集团的自主研发与制造能力已经得到了广泛认可。

2006 年 10 月，上汽集团第一款中高档自主品牌汽车——荣威 750 发布，它是基于原 Rover75 的生产平台，并在内饰、安全性、动力性和环保性等方面进行了传承和改良，技术性能和品质皆超过了原型产品；2007 年，中国首款 V6 汽车发动机——荣威 KV6 发动机成功下线第 1 万台，标志着中国中高档汽车发动机制造跨上了新台阶，真正实现了中国汽车产业"芯"的跨越，打破了由国外品牌垄断 V6 发动机领域的局面；2008 年，上汽集团推出的荣威 550 脱胎于 Rover25 平台，荣获有着中国汽车技术"诺贝尔奖"之称的"中国汽车工业科学技术奖"，这是自主品牌汽车首次获得这一殊荣，是中国自主品牌轿车发展的一次飞跃；2010 年上汽集团推出的荣威 350 是一款紧凑型 A 级车，搭载了 inkaNet3.0 系统，还装载了全新开发的 1.5 升多角度连续可变正时系统(VTI-TECH)高效能发动机,可以降低 4%～6%的油耗和二氧化碳排放量;2012 年,全新第二代旗舰产品荣威 950 上市,标志着上汽集团自主品牌建设进入"产品质量、科技含量、品牌分量"同步提升的新阶段,荣威 950 以 Global E 全球领先战略平台为基础,是目前自主品牌中科技含量最高的一款中高端产品;2016 年,上汽集团推出首款互联网 SUV——荣威 RX5,打破了合资品牌对 15 万级 SUV 的垄断,引领了互联网汽车的创新趋势,成为第四届轩辕奖年度大奖获奖车型,被北京汽车博物馆永久珍藏;2021 年,上汽集团首款高端 MPV——荣威 iMAX8 上市,其搭载了互联网汽车维纳斯智能系统和首创的智能移动"魔吧",凭借智能网联技术脱颖而出,体现了"中国智造"的硬核实力。

荣威 750、荣威 550 和荣威 350 见证了上汽集团中英设计团队的交接,以及上汽集团技术团队的学习和成长过程。荣威 750 由英国人设计,延续了英伦车的典型特征;荣威 550 由上汽集团与英国技术中心共同开发,英国团队做了大量前期工作,而中国团队进行后期的设计和开发;荣威 350 则体现出整个品牌从英伦风格向东方文化的成功转变,奠定了荣威未来的设计方向,其前身 N1 概念车由上海汽车技术中心花了 9 个月的时间自主设计完成。荣威品牌新车质量指数高居自主品牌汽车企业前列,知名度超过 90%,溢价能力甚至高于部分合资品牌,成功树立起中高端品牌形象。

2010 年,上汽集团为上海世博会提供了 1 125 辆新能源汽车,累计行驶超过 1 240 万公里,运送游客近 2 亿人次,车辆完好率达 99%,为新能源产业化积累了宝贵的开发数据和实践经验;2011 年,上汽集团首款自主开发的"中高级环保价值轿车"——荣威 750 混合动力轿车成功上市,它依托荣威新 750 1.8T 车型平台,采用高压混动电机,节油率可达 20%;2012 年,拥有完全自主知识产权的纯电动汽车荣威 E50 成功上市,使上汽集团在国内率先形成新能源汽车的量产能力,进一步完善了新能源汽车产业链的布局;2013 年,上汽集团依托荣威 550 产品平台,同步全球最领先的混动技术,推出了第三款新能源汽车——荣威 550 插电式混合动力轿车,与传统汽油车相比,综合节油率在 70%以上;2017 年,上汽大通 EG10 等新品成功上市,第二代电驱变速箱 EDU 关键技术取得突破,自主开发的电池管理系统实现量产；2019 年，纯电动 SUV 名爵 EZS 登陆英国、荷兰和挪威市场，在短短几个月内，这款车的出口量超过 1 万辆，创下了国内新能源汽车出口的新纪录。2021 年，上汽集团稳中有增，自主品牌、新能源汽车、海外市场成为上汽集团驱动增长的"新三驾马车"。自主品牌整车销量达到 285.7 万辆，同比增长 10%，占公司总销量的比重首次突破 50%。其中，荣威品牌全年销量超 37.5 万辆，同比增长 8%；MG 品牌累计销量达 47.2 万辆，同比增长 69%。新能源汽车全年销售达 73.3 万辆，同比增长 128.9%，排名国内第一、全球前三。海外销量达 69.7 万辆，同比增长 78.9%，整车出口连续 6 年保持国内行业第一。

上汽集团在新能源技术领域的高强度投入有效提升了其在国际汽车市场上的战略地位，其新能源产品涵盖了纯电动、插电式混合动力及燃料电池汽车，是国内第一家实现燃料电池汽车量产的企业。同时上汽集团不断加快提升"三电"系统的自主核心能力，为其参与新一轮汽车产业竞争做好了准备。

7.4 上汽集团创新战略的启示

工艺创新和产品创新的选择是一个动态过程，与企业的技术基础和规模实力密切相关。纵观上汽集团创新发展历程，规模经济、技术学习能力对提高集团的生产技术水平和产品的研发设计能力具有非常重要的意义，而且上汽集团对工艺技术的大规模投入使其产品竞争力不断提升，为集团长期、稳定发展提供了有力的支持。上汽集团的创新实践活动对其他企业的技术创新管理具有重要的借鉴价值。

7.4.1 清晰的技术创新发展路径：从技术引进学习到战略性技术储备

上汽集团明确提出了以"联合开发、自主开发、超前开发"为核心内容的新产品开发体系。联合开发着力形成本土化开发能力，加深对引进技术的消化和吸收；自主开发以形成自主知识产权产品为目标；而超前开发就是要抓好"世界起跑线"项目，进入世界汽车技术的前沿领域，实现跨越式发展。这一技术发展思路很好地诠释了上汽集团清晰的技术创新战略。

早期的技术引进是必要的，与美国通用和德国大众的长期战略合作为上汽集团提供了学习机会，带来了先进的流程体系和技术平台，上汽集团通过"干中学"和"用中学"逐渐形成强大的生产能力和技术改进能力，制造水平有了大幅的提升。另外，合资企业的研发中心还培养出大量汽车研发人才，使上汽集团积累了重要的技术数据，为其自主研发奠定了坚实的技术基础。但仅仅引进发达国家先进的制造技术是不够的，以引进—消化—吸收为主的技术获取方式使企业在自主创新上难有作为，极易陷入"引进一代、落后一代"的局面。因而，上汽集团确立了一条"高起点、国际化、跨越式"的发展道路，发挥后发企业的技术学习优势，整合全球优质技术资源，通过海外收购获得先进的汽车技术和产品开发平台，进而发展自主品牌，改变了从低端市场切入的一贯模式，为中国汽车自主品牌发展探索出一种新的模式。

上汽集团始终把培育合资企业的本地化研发能力和自主创新能力放在同等重要的位置，建立国内外研发中心，注重对自身技术能力的培育，以期不断提高企业的核心工艺技术水平。上汽集团技术研究中心于 2013 年全面竣工，投资高达 44 亿元，占地面积约为 45 万平方米，是国家级企业技术中心，具备了整车开发和动力总成开发能力，承担了 30 款自主品牌车型、五大汽车技术平台、多款发动机和部分变速箱的开发工作。围绕技术研究中心，上汽集团构建了"中国主导、全球联动"的自主研发模式，形成以中国技术中心为核心，以英国技术中心、韩国汽车研究院为"双翼"的自主创新体系，中国、英国、韩国三地的研发机构可以进行实时互动，构建起全球联动的 24 小时"追日"开发模式，为上汽集团自主品牌和未来持续发展提供了有力的技术支持。

汽车产业正面临着一场重大的绿色变革，如何降低污染和减少能耗对汽车企业的工艺创新活动提出了迫切要求。我国汽车产业在传统动力总成方面起步较晚，但在新能源汽车领域与国际汽车巨头几乎处在同一起跑线上，新能源技术将成为我国汽车企业实现赶超的切入点。为了能在新一轮的技术竞争中获得领先优势，上汽集团着眼于长期的技术发展规划，紧跟世界前沿汽车技术的发展方向，全力推进新能源汽车的研发和产业化，争取在新的技术范式上实现与跨国汽车企业在同一技术水平上开展有效竞争。

7.4.2 规模实力是工艺创新的重要保障

汽车产业具有典型的规模经济性，规模大小是衡量汽车企业综合实力的关键因素。上汽集团由一个汽车修理和零配件企业发展为跻身世界500强的大型企业集团，其规模扩张速度在我国汽车产业中可谓翘楚。

2004年，上汽集团以2003年销售汽车78.2万辆、合并销售收入117亿美元、总资产120亿美元的规模，成为中国汽车行业第一家进入世界500强的企业；2005年上汽集团整车销售超过105万辆，同比增长24%，提前两年完成年产100万辆的目标，其中乘用车销量达74万余辆，增长近20%，商用车销量超过31万辆，增长近36%；2009年，上汽集团实现272.5万辆整车销售业绩，同比增长57.2%，成为国内首家年产销均超过两百万辆的汽车集团，市场占有率达到19.9%，比2008年提高了1.4个百分点，进一步扩大了行业领先优势；2010年上汽集团整车销量跨越了300万辆的规模，达到358.3万辆，同比增长31.5%，跻身全球汽车行业前8位；2011年上汽集团整车销量超过400万辆，同比增长11.9%，继续保持着领先优势；2013年，上汽集团表现出更加强劲的增长态势，累计销量突破500万辆，同比增长13.7%，其中乘用车和商用车分别销售396.1万辆和114.5万辆，继续蝉联销量第一；2016年上汽集团销售规模跨越600万辆大关；2018年上汽集团销售规模超过700万辆，市场占有率超过了24%。2020年，上汽集团全年营业收入、净利润，以及产销量均呈现下滑态势，全年整车销量为560万辆，同比下降10.2%。旗下中国品牌(含上汽乘用车、上汽大通、上汽通用五菱、上汽红岩)合计销量为259.9万辆，占总销量的46.4%，创下历史新高，并发布了高端智能纯电品牌智己汽车、R汽车，新能源汽车销量达到32万辆，同比增长73.4%，首次跃居国内销量第一。上汽集团销售规模的跨越式发展如图7.3所示。

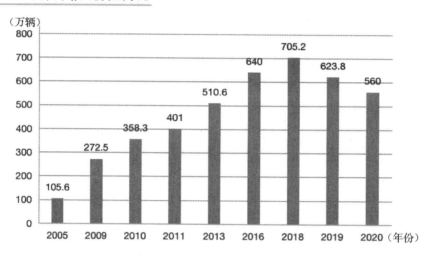

图 7.3 上汽集团销售规模的跨越式发展

技术水平高的企业更有可能获得良好的经济效益，同时经济规模的扩大也有利于企业的技术创新，以外部技术获取为主要发展模式的企业尤为如此。规模生产不仅可以为汽车企业带来成本优势，提高资源利用效率，还可以为企业重大的创新活动提供经济支持，上汽集团借助规模经济、资源优势，不断引进先进技术，整合全球的技术资源进行有效学习，提高了企业的工艺技术水平和生产制造能力。

7.5 本章小结

为研究中国企业创新行为的特殊问题，本章采用案例分析方法，深入研究了上汽集团的创新战略与企业成长。本章首先介绍了上汽集团创新实践的行业背景，研究了我国汽车产业的技术发展和规模发展现状，并结合韩国现代汽车集团的发展经验，提出了我国汽车企业创新面临的三个主要挑战：一是核心生产技术能力薄弱；二是处于汽车技术范式变革的关键时期；三是生产规模普遍偏小，规模经济发展不充分。

本章将上汽集团的工艺创新战略发展归纳为三个阶段。一是工艺技术学习阶段。上汽集团学习合资企业先进的工艺流程，通过操作精密、高端的工艺设备和生产线，中方生产人员积累了大量的产品生产经验，合资企业在华的研发中心也为上汽集团培养了大量的汽车技术人才,中方人员的产品设计和研发能力得到大幅提升,上汽集团积累了宝贵的技术数据,为自主技术创新奠定了坚实的基础。二是自主工艺技术研发阶段。随着企业规模实力和技术能力的不断提升,上汽集团集成全球优势技术资源,于2004年收购罗孚技术并在此技术平台上迅速建立起中高端的自主品牌——"荣威"。三是战略性工艺创新合作阶段。为了能在新一轮的技术竞争中获得领先优势,上汽集团着眼于长期的技术发展规划,紧跟世界前沿技术的发展方向,深耕新能源技术及智能驾驶技术领域,助力其在新的汽车技术范式上实现自主创新和跨越式发展。

我国汽车企业要加强对工艺创新的重视,在制度设计上要将工艺创新和产品创新视为同量级的创新,政府也要改变重视产品创新、忽略工艺创新的做法,只有这样,我国汽车产业才能够真正实现自主创新的突破(李显君,等,2016)。上汽集团对工艺技术的持续、高强度投入使其产品的市场认可度逐渐提高,市场占有率不断增加,工艺技术促进了上汽集团经济绩效和市场地位的提升,保证了公司长期、可持续的发展能力。

纵观上汽集团的发展历程,规模经济、技术能力,以及后发企业的技术学习效应对提高集团生产技术水平和产品的研发设计能力具有非常重要的意义。经济规模为上汽集团庞大的技术创新投入提供了资源保障,而且上汽集团还充分发挥后发企业的技术学习优势,大力培育自身技术能力,及时跟踪新技术发展方向,积极开展战略性工艺研发,这些成功的经验为国内其他制造企业的创新活动提供了有意义的借鉴。

第8章

振华重工案例研究:
出口学习效应与创新战略选择

8.1 研究背景分析

产品创新和工艺创新是企业技术创新的主要内容,产品创新可以提高产品的差异度、不断推陈出新、扩大市场份额;工艺创新可以推动产品质量和技术升级,降低生产成本,为高端产品创新提供先进的生产工艺保障。企业既能够通过产品创新,增加新产品种类,扩大海外市场份额;也可以通过工艺创新,加大新机器设备的投入,提高生产效率,降低成本,提升企业在海外市场的竞争力。

后发企业在发展初期亟须通过有竞争力的创新产品进入市场,当实现了市场追赶后,以工艺创新带动企业转型发展就显得尤为重要,适应环境变革的创新战略能够引导企业持续成长。目前,文献研究较多关注企业的产品升级与创新,对工艺创新和产品创新的协同发展带动企业转型升级的探讨并不深入,尤其是忽视了工艺创新在出口产品竞争力升级中的积极作用,先进的工艺技术和生产流程能够促进企业转变增长方式、实现可持续发展,工艺创新的战略升级是抢占海外市场制高点的关键,有助于我国制造企业重获竞争优势。

为应对竞争日趋激烈和复杂的出口市场环境,中国制造企业必须加强生产技术和装备的研发力度,加快提升产品创新水平和工艺改造升级,以提升中国制造产品的国际竞争力并推动中国制造业在海外市场的持续发展。但处于不同发展阶段的企业,具备差异化的战略导向和能力资源,如何实施与发展情境、资源和技术能力相匹配的创新战略,有效提升企业创新系统的整体绩效值得深入讨论。

海外市场的出口学习效应和创新引致效应是技术后发企业提升创新能力的重要途径。目前,专门研究海外市场以何种机制促进出口企业创新战略的演进,以及创新战略如何匹配海外市场发展情境的文献尚不多见。本章在回顾工艺创新和产品创新战略相关理论的基础上,从企业创新战略演进的视角,提出我国制造企业出口产品竞争力的升级路径,归纳出一个发展情境—创新战略—出口产品竞争力升级的理论框架,深入探讨了海外市场倒逼我国制造企业工艺创新战略升级的三种路径：通过工艺技术学习和模仿嵌入全球市场；努力改进生产技术和工艺流程以满足更加严苛的出口合同的技术要求；通过持续的工艺能力提升、战略性工艺技术储备来应对不断升级的海外市场。

本章采用质性研究方法，深入探究了在不同发展情境下，振华重工的战略导向、工艺创新战略、产品创新战略及企业产品的市场竞争力。面对当前国际贸易环境的不利变化，振华重工装备产品面临较大的冲击，提升出口产品竞争力迫在眉睫。振华重工非常重视生产流程的优化和工艺技术的高端升级，致力于不断推进生产制造向精益化、智能化迈进，从工艺技术的模仿者迅速成长为工艺技术的引领者。研究结论肯定了我国制造企业应该深度参与海外市场以促进工艺创新战略升级、以工艺创新引领企业转型发展的必要性。

本章剖析了后发企业如何变革创新战略，以把握技术范式转换带来的巨大产业发展机遇，不仅关注了中国制造企业在市场追赶和技术追赶阶段创新战略的选择，而且进一步研究了企业在跨越发展阶段应该匹配的工艺创新战略和产品创新战略。在追赶阶段，企业必须努力改进工艺流程，提高制造水平，以更低的成本和更优良的质量向市场提供产品；在跨越发展阶段，企业则必须解决高端产品研发和生产过程中的技术难题，通过工艺技术的智能化和数字化升级，支持制造企业开发出引领市场需求的创新产品。因此，产品创新和工艺创新的协同发展能够提高创新系统的整体效率，助力企业完成市场追赶和技术追赶，实现转型升级的跨越发展。本章的研究结论对鼓励我国制造企业深度参与海外竞争以促进工艺创新战略升级、以工艺创新驱动海外市场拓展具有重要的启示意义。

8.2　出口学习导向下创新战略研究框架

我国出口制造企业大都通过引进先进的制造设备和工艺技术来获得基本的生产能力，凭借产品的模仿创新和渐进性改进成功进入出口市场。为了提高产品质量和保障规模化生产，并降低对国外技术的依赖，制造企业不断进行工艺革新和生产流程优化，采用更为先进的制造设备，着力实现关键零部件国产化，提高利润空间，巩固和扩大市场份额，逐步完成市场追赶。当面对新技术或新需求的机会窗口时，企业要敏锐地把握未来市场需求趋势和技术发展方向，以工艺技术的智能化和数字化升级推动高附加值、高技术含量的产品开发，注重战略性工艺技术的储备和自主工艺创新能力的培育，最终在新的技术范式上实现跨越式发展。

本章将中国制造企业海外市场发展分为四个阶段：海外市场进入阶段、海外市场追赶阶段、多元化拓展阶段、海外市场转型升级阶段。企业在每一个阶段面对的发展情境和战略导向，以及企业的技术能力和市场地位都存在较大的差异，企业需要动态调整工艺创新战略和产品创新战略，构建起完整的创新系统，工艺创新与产品创新协同发展，推动出口产品的竞争力从成本优势、质量优势实现向多元化优势、技术优势高端升级。创新战略演进与出口产品竞争力升级的理论模型如表8.1所示。

表8.1 创新战略演进与出口产品竞争力升级的理论模型

发展阶段	工艺创新战略	产品创新战略	竞争优势
海外市场进入阶段	工艺技术学习	产品模仿创新	产品成本优势
海外市场追赶阶段	解决生产性工艺问题及国产化的技术瓶颈	产品质量改进和产品国产化	产品成本优势、产品质量优势
海外市场多元化拓展阶段	关键工艺技术突破	多元化产品创新	产品多元化优势
海外市场转型升级阶段	智能化、数字化工艺技术的自主研发	高端产品创新	技术优势

不同阶段的企业面临的发展情境和能力资源存在很大差异，后发企业应该动态调整适宜的创新战略。随着技术能力的提升，工艺创新的战略重点从以工艺技术学习为主转变为以自主工艺创新为主，工艺创新活动的主要内容从工艺技术改进提升到关键工艺技术的攻克和战略性工艺技术的突破。为促进工艺创新能力的持续提升，我国制造企业应该有计划地组织工艺创新活动，通过海外市场的出口学习效应、出口引致创新效应来获取先进工艺技术。海外市场可以通过以下三种路径倒逼后发企业工艺创新战略升级。

(1) 最初的 OEM 出口模式使我国企业有机会引进先进的原始设备，接触国外先进的生产技术，这直接诱发了企业的工艺技术学习。

(2) 为满足高标准出口合同的技术要求，后发企业必须努力改进生产技术和工艺流程，提高制造水平，强化工艺创新行为。

(3) 出口导向型企业需要培育战略性工艺创新能力，提升出口产品的竞争力，以应对海外市场的消费升级。

海外市场倒逼工艺技术战略升级的机制如图 8.1 所示。

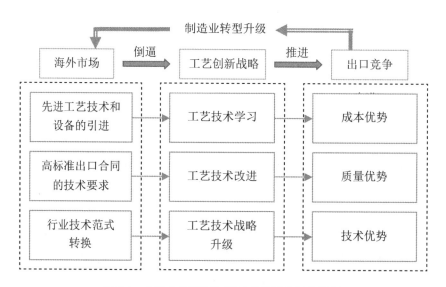

图 8.1　海外市场倒逼工艺技术战略升级的机制

通过循序渐进的工艺技术学习，后发企业获得了出口市场技术溢出，向竞争更为激烈的国际市场出口产品，客观上要求出口企业不断提高工艺能力和制造水平；通过在出口中学习、在出口中创新，后发企业工艺技术水平得到有效提升，并有能力利用行业技术范式转换的契机，完成工艺技术战略升级，推进出口产品从成本优势向技术优势演变。海外市场倒逼我国制造企业工艺技术战略升级，而工艺创新能力的不断提升也有助于提高出口产品的竞争力，促使我国出口制造企业转型升级，深度拓展海外市场。

本章提炼出我国出口制造企业创新战略演进和出口产品竞争力升级的路径，

对指导中国制造企业根据不同的发展情境、资源及技术能力，动态调整差异化的工艺创新战略和产品创新战略，驱动出口产品竞争力升级，以应对当前日益激烈的技术保护和贸易摩擦具有重要的理论指导价值和实践价值。

8.3 研究方法和数据来源

8.3.1 数据来源

上海振华重工(集团)股份有限公司(以下简称"振华重工")是著名的装备制造企业，具备世界一流的钢结构制造实力，在上海本地及南通等地设立6个生产基地，占地总面积为1万亩，其中承重码头长达3.7km，有利于重型设备和重大件拼装及平地造船，超重型基地60m长承重20 000t，可实现对复杂结构的独立加工制造，是世界最大、最先进、生产效率最高的大型机械制造基地。振华重工始终将自主创新作为企业发展的原动力，在开发新技术、研制新产品的实践中，显示出超强的创新能力，并与上海交通大学、同济大学、上海海事学院、武汉理工大学、中国船舶科学研究中心及美国Lift Tech公司等20多个国内外高等院校和研究单位结成科技同盟，先后攻克了代表起重技术发展方向的高效自动化、节能环保型起重关键技术。振华重工无论是市场规模还是技术水平均领先于同业。

振华重工从创立初期就始终坚持"走出去"，明确提出"出海"的发展战略，产品遍布世界101个国家和地区的300多个重要港口，在"一带一路"倡议部署下，振华重工已经向沿线的国家和地区交付了3 000多台港口机械装备和海工设备，平均每年向海外出口装备15亿美元以上。公司创始人管彤贤曾经说过："市场逼着我们学会不断自主创新，如果没有这个'独门武器'，就不可能成功开拓国际市场。"振华重工紧跟海外市场需求和行业技术发展趋势，动态调整适宜的创新战略，不断提升出口产品的市场竞争力。

振华重工从进入海外市场、开拓海外市场到引领海外市场的发展历程中，坚持产品创新和工艺创新的协同发展,以构建出口竞争优势,创新战略经历了从最初的产品模仿创新和工艺技术学习、核心部件国产化和关键制造技术自主研发、产品多元化发展和高端工艺技术突破,到引领市场需求的产品创新、智能化和数字化工艺技术探索性创新的演进历程。振华重工紧紧把握行业技术发展趋势及产品市场需求变化,前瞻性地调整企业发展战略,相机采取工艺创新战略和产品创新战略,推动出口产品从价格竞争优势升级至技术竞争优势,从而在竞争激烈的海外市场快速成长并实现赶超。

将振华重工作为案例研究对象非常具有代表性和研究价值,其产品竞争力的升级路径对我国制造企业的高质量出口具有重要的启示意义。一方面,振华重工始终坚持创新驱动发展,从无到强打造出高端装备制造领域的世界品牌,其发展历程对研究我国高端制造业的创新战略具有借鉴价值;另一方面,海外市场是振华重工业务发展的主战场,公司不断推出创新产品,提高工艺技术水平,提升出口产品技术竞争优势,以应对国际竞争者的技术冲击。

本章综合利用一手资料和二手资料进行质性研究。一手资料包括以下内容。

(1) 实地调研长兴岛基地及访谈一线工艺技术人员。

(2) 以座谈会的形式与公司创始人管彤贤近距离交流和访谈。

(3) 访谈振华重工科技部和研究院相关负责人,获取企业技术创新和专利策略等一手资料。

二手资料包括的内容如下。

(1) 公开发表过的与企业相关的学术论文或专题报告。

(2) 企业内部资料,涵盖企业内部期刊、书籍、论文集等。

(3) 有关公司创始人管彤贤及公司历任高管的大量公开采访和报道。

(4) 公司1997—2020年的财务年报及重大事项披露分析。

(5) 相关行业评估报告。

通过上述渠道，本章梳理了振华重工的发展历程，归纳整理了公司的战略部署、创新内容、产品定位，以及市场和行业环境等资料，资料收集基本饱和。基于创新战略演进与出口产品竞争力升级的理论框架，本章对一手资料、二手资料进行了整理和归类，并形成了文字材料。

8.3.2 数据处理

1. 分析环境因素，提炼战略导向

本章对振华重工发展阶段的划分主要是依据环境情景改变和企业战略调整的关键事件。公司成立于1992年，到1998年首次取得了海外港机市场订单第一的成绩，成功实现市场追赶，这是企业发展的第一阶段；为了摆脱技术依赖，自1999年起，振华重工开始着力突破核心部件的工艺技术瓶颈，通过国产化策略大幅降低生产成本，巩固和扩大出口市场优势，这是企业发展的第二阶段；为应对港机市场萎缩，2006年公司重点推进多元化的发展战略，以钢为纲，寻找新的利润增长点，这是企业发展的第三阶段；2013年"工业4.0"概念的提出引领了制造行业数字化和智能化的变革，振华重工把握制造业互联的技术发展趋势，积极调整企业发展战略，从设备提供商开始向产业服务商转型升级，企业发展进入新阶段。

本章依据时间脉络把相应的文字材料匹配至四个阶段，对特定阶段的关键环境因素和企业的战略导向进行归类整理。

2. 区分工艺创新战略和产品创新战略

区分工艺创新战略和产品创新战略是本章的重要环节。本章认为，制造企业产品创新战略的目的为：①开发出新的产品；②显著改善同类产品。而工艺创新战略的目的为：①显著改进生产技术和工艺流程；②降低生产成本，提高工作效率；③采纳新的管理架构，提高组织灵活度或柔性。

本章依据创新意图，将振华重工30年来的创新活动归纳整理为工艺创新和产

品创新,并与不同阶段的战略导向相匹配,研究不同发展阶段企业创新战略的重点及其演进过程。

3. 出口产品竞争力分析

为了深入分析振华重工出口产品的竞争力及升级路径,本章整理了不同发展阶段企业的主要产品创新成果及出口产品的竞争优势。依据时间脉络,从出口产品市场竞争焦点、重大海外订单合同、市场占有率和企业技术能力等角度,分析了企业在不同发展阶段的产品定位和主要竞争战略。

8.4 振华重工创新战略演进研究

8.4.1 海外市场进入阶段:工艺技术学习

我国制造企业最初的出口行为伴随着原始工艺设备和制造技术的引进。通过与发达国家企业的贸易往来,技术后发企业有机会学习到国外先进的技术知识与流程管理方法,在"干中学"中,技术后发企业积极学习如何有效率地进行生产,以及解决生产过程中的工艺技术问题。经过对引进技术的反复学习和实践,我国出口企业能够更好地发挥现有生产线和制造设备的潜力,实现降低生产成本和提高生产效率的工艺创新目标,甚至能够逐渐突破关键零部件国产化的工艺技术瓶颈。

在海外市场进入阶段,振华重工的战略重点就是尽快推出自己高性价比的集装箱起重机产品,以低成本立足、高标准参与国际竞争。和国内大多数制造企业一样,振华港机发展初期并不掌握核心技术,仍是采用引进、借鉴国外先进企业的技术和设计图纸再进行消化吸收的模仿创新路径。1992年年底,振华重工凭借成本优势向加拿大温哥华港口出口了第一台起重机产品,从此成功进入国际市场。到1998年,公司集装箱产品订单已经位列世界第一,振华重工成功地实现了在国际港机市场从无到有、由弱到强的大跨越发展,出口产品从成本优势过渡到质量优势,实现了市场追赶。海外市场进入阶段的创新战略如表8.2所示。

表8.2 海外市场进入阶段的创新战略

项 目	具体内容
环境	发达国家垄断全球95%以上的集装箱起重机市场份额,市场进入难度大,竞争激烈
战略导向	成功进入市场,从无到有,扩大市场占有率
产品创新战略	集装箱起重机产品的仿制
工艺创新战略	学习工艺技术,规范工艺流程,稳定产品质量
关键流程	(1)借鉴发达国家企业图纸,模仿产品设计,主动学习工艺技术; (2)获得ISO9001质量管理认证,以及包括美国、欧洲标准在内的多种国际认证

在海外市场,振华重工与日本、韩国、美国、德国等世界级竞争对手同场竞技,为了以更有竞争力的产品应对激烈的海外市场竞争,振华重工学习并采用先进的设计制造规范,以严格的国际认证促进企业不断改进生产设计方案和工艺流程,坚持高起点接轨国际标准,先后获得了ISO9001质量管理认证以及包括美国、欧洲标准在内的多种国际认证。公司严格按标准认证要求作业,并落实到每一名员工、每一道工序、每一个部件,加强对技术工人的培训,鼓励焊工取得德国、加拿大、美国等国家认定的焊接资质;公司还组织相关人员到境外学习参观、参加各种新技术交流活动,通过持续的技术学习,不断地更新知识能力,提升对新技术发展的敏感度,逐渐形成自己的核心技术团队。

在海外市场进入阶段,振华重工的创新重点是以仿制为主的产品创新,工艺创新围绕产品创新开展,旨在解决集装箱制造过程中的工艺技术问题、规范生产流程、提高产品质量。通过成功的工艺技术模仿战略,以及与国际接轨的工艺流程管理和技术标准,振华重工形成强大的制造能力,改变了"仅凭借劳动力成本优势"的发展路径,为实施创新导向的国际发展战略奠定了技术基础。

8.4.2 海外市场追赶阶段:工艺技术改进

随着集装箱起重机市场需求的持续增加,公司生产超负荷运转,为解决产能问题并实现规模生产，振华重工投资 10 亿元打造长兴岛生产基地，具备了 5km 长的近水作业场地，起重能力为 800 t、跨距为 40 m 的构件拼装大车间，长达 3.7 km 的承重码头等世界上罕见的优越生产条件，并购置了数控液压折弯机、多头门式自动焊接机、大型浮吊及大起重量起重机等先进生产设备。优良的生产条件和技术一流的工艺设备保障了振华重工港机产品的规模化生产，加快了公司抢占国际市场的步伐。

电气控制系统是港机和海工设备的关键部件，技术一直由外国公司把控，为了推进集装箱国产化程度，1998 年，振华重工开始自主设计开发电控系统，并承诺对装有自主设计制造的国产关键模块的集装箱机械产品终身保用。突破核心部件的生产技术瓶颈不仅使振华重工总生产成本下降了 60%，缩短了产品生产周期，使其能够继续凭借成本优势扩大市场份额，而且为公司积累了宝贵的产品设计经验和技术开发经验，增强了公司的市场竞争力。

为满足来自发达国家和地区的消费者对出口产品质量、安全、绿色、环保等的高标准技术要求，我国出口企业必须努力提高制造水平和工艺能力，出口合同规定的严格生产技术和制造标准促使技术后发企业主动了解先进生产技术的发展趋势，持续提升工艺技术水平和改进工艺流程。振华港机从来不把国外客户的严格质量要求当成刁难，反而作为技术进步和创新的动力，倒逼企业工艺技术水平不断提高。为满足客户"十年内机架不见锈色"的技术要求，长兴岛基地对振华港机的钢结构表面进行了预处理，喷涂防盐雾腐蚀的底漆，通过工艺技术的改进解决了海水腐蚀导致的港机泛黄问题。经过一个个高水准国际项目的历练，振华重工形成独特的技术优势，解决了高端产品生产制造过程中的工艺技术问题，突破了新产品的重大生产技术难题和关键技术瓶颈，高端海工设备和大型钢结构的制造能力达到世界先进水平。

在海外市场追赶阶段，振华重工创新战略的重点是以工艺改进和流程优化为主的工艺创新，公司深挖技术创新潜力，持续优化和创新生产工艺，如创新性采用水平装配后进行垂直组合的工艺生产岸桥，生产周期缩短了两个月，总装时间缩短至一周左右。这一阶段振华重工的工艺创新不仅解决了产品生产过程中的技术问题,还着力突破国产化过程中的工艺技术瓶颈,同时还极具前瞻性地布局了先进的生产基地,升级了生产设备,进一步释放了成本降低和质量提升的潜力,巩固并扩大了企业的海外市场份额。海外市场追赶阶段的创新战略如表 8.3 所示。

表 8.3　海外市场追赶阶段的创新战略

项　目	具体内容
环境	(1)集装箱国际运输量大幅增长,港口机械的采购需求旺盛; (2)公司集装箱起重机产品占据国际港机市场 35%的份额,形成一定影响力
战略导向	提升产品国产化程度,巩固和扩大市场份额
产品创新战略	(1)关键部件国产化,自主开发港机设备的核心控制系统; (2)推行质量"零缺陷"活动
工艺创新战略	(1)规范工艺流程,提高生产技术;降低制造成本,提高产品质量; (2)攻克核心部件国产化的工艺技术瓶颈; (3)引进先进的工艺设备,优化制造条件
关键流程	(1)提升核心零部件国产化程度,终身保用; (2)建成长兴岛生产基地,具备了先进的制造条件和规模生产能力

8.4.3　海外市场多元化拓展阶段:工艺技术战略升级

为应对海外市场的消费升级,把握数字化、智能化等新制造技术范式转化给企业带来的发展契机,不断提升出口产品在高端海外市场的竞争力,我国制造企业必须加大培育具有重要战略意义的工艺创新能力,以工艺技术升级支撑高端产品的研发和制造,实现海外市场的持续拓展。

随着全球集装箱起重机市场饱和、竞争加剧,以及"世界上凡是有集装箱工作的港口,都应有振华重工的集装箱机械"的战略目标基本实现,振华重工迅速调整发展战略,瞄准利润率更高、市场发展空间更广阔的高端海洋工程装备市场,抓住海洋经济大发展的战略契机,利用在集装箱起重机市场上确立的品牌优势,积极开拓以高端海工装备、大型钢结构工程为主的新市场,以钢为纲,开发符合港机市场未来发展趋势的产品,自主研制了大型海上重型装备全回转浮吊系列产品,攻克了包括大载荷抬升机构设计与制造技术、大模数和大尺寸齿条高精度加工技术、大速比人字齿行星齿轮的设计与制造及抬升系统的同步控制技术等四大关键技术难关，实现了技术和产品的跨越式升级，代表了企业在海洋工程装备领域已经进入国际最高技术水平行列，自 2006 年开始，振华重工转型战略初见成效，海工产品销售占比已逾 30%。多元化拓展阶段的创新战略如表 8.4 所示。

表 8.4 多元化拓展阶段的创新战略

项 目	具 体 内 容
环境	(1)全球港机市场容量饱和，海上重型机械市场发展空间更广阔； (2)振华重工集装箱港机产品市场份额保持在 75%以上，研发投入达总产值的 3%以上，成为港机市场的领导者
战略导向	继续巩固、扩大集装箱起重机市场占有率，瞄准行业和技术发展前沿，加大自主创新力度，开发具有良好继承性和拓展性的新产品
产品创新战略	(1)推进港机产品创新和升级； (2)研发符合未来需求发展趋势的创新产品
工艺创新战略	攻克技术含量更高的大型钢结构、高端海工装备的生产技术
关键流程	(1)获得世界权威认证机构——英国皇家认可委员会(UKAS)的钢结构焊接和钢结构涂装认证，为振华重工进入国际高端钢结构市场提供资质保障； (2)与国际技术领先的企业开展高水平的合作研发，如与全球领先的海上钻井平台设计和服务公司——美国 F&G 公司合作开发"振海 1 号"

凭借在传统港机产品制造中积累的强大钢结构生产优势，振华重工承接了美国旧金山新海湾大桥的订单，打开了国际大型钢构市场的大门。在制造工程前期，振华重工做了大量的工艺准备，建造了大型钢构的专用载重车间，试验各种焊接方案，执行"三级技术交底"的流程，并采用"工位管理"模式，以强化对工艺技术和生产流程的控制，全塔 57 万多个螺旋和螺孔完美对接，桥塔加工精度比要求精度提高 1 倍，拼装精度超合同约定的 2 倍，并攻克了钢桥生产中的关键技术难点，钢桥的制造、检测工艺技术和桥位吊装等工艺设备达到国际先进水平。英国海上风力电站是振华重工承接的第一个欧洲国家海上风电钢构项目，为其积累了宝贵的风电钢结构制作的技术经验和管理经验，通过不断的工艺论证和现场试制，振华重工突破了之前一天卷 9 个整圆且需要多次反转控制圆度的生产工艺瓶颈，实现了厚钢板卷制最高峰时一天可卷 42 个圆，节约了大量生产时间，并实现

了高于图纸要求的法兰圆厚的精度,项目配备了风电桩体自动化装配、焊接生产流水线,以及大型数控卷板机、大型立式铣床等专业生产设备,攻克了升降系统、高强钢齿条加工工艺、高强钢桩腿焊接技术和桩腿固定系统等技术难关,掌握了大型海上风电装备设计与制造的核心技术,填补了相关领域的技术空白。振华重工承担了自升式钻井平台"振海1号"的全部核心部件的设计与制造工作,攻克了自升式钻井平台整体布置优化、桩腿制造技术、抬升机构设计技术和悬臂梁滑移装置设计技术等瓶颈。为提高钻井平台的焊接精度,振华重工编写了焊接标准,优化了焊接流程,并自主研发出焊缝全过程跟踪系统,解决了海工设备低温水焊难题,通过各种试验,振华重工掌握了适合高强钢焊接的宝贵工艺参数。

振华重工海外市场项目及关键工艺创新如表 8.5 所示。

表 8.5 振华重工海外市场项目及关键工艺创新

海外项目	技术要求	制造工艺技术改进	关键工艺技术
美国新海湾大桥钢构	按世界桥梁最高标准执行	(1)做了大量工艺技术准备。建造专用的载重车间,实施各种焊接试验,预先拿出钢构实物截面模样,等等; (2)加强工艺技术控制,提高工艺标准。全塔 57 万多个螺旋和螺孔完美对接,拼装精度远远超过合同约定的 1/1000,达到 1/2500,桥塔加工精度比要求精度提高 1 倍; (3)执行"三级技术交底"的流程。向施工队详细解释工艺方案,尽量减少产品的偏差和间隙,深入生产现场,跟踪、及时发现并修正生产中出现的问题,同时与质检部门配合测量数据,真正做到有据可循; (4)"工位管理"模式。对项目工艺、质检、现场管理、现场施工人员等进行量化考核,每天收集整理、统计数据,精细到每天、每小时,甚至每一步骤的天气情况都要记录	(1)采用实芯气保焊丝打底,埋弧横焊盖面的门式自动焊接机焊接,使熔合线达到85%~95%,创新设计了塔柱翻身工装,创新编制了 U 肋板单元制作流程。美方直接对 U 肋焊接进行了免检,该工艺在国内属首次应用; (2)制造、检测工艺技术和桥位吊装达到国际先进水平,极大地提升了我国重型钢结构制造业的国际地位

续表

海外项目	技术要求	制造工艺技术改进	关键工艺技术
英国海上风力电站	满足海上风电项目合同的特殊技术要求	(1)突破之前3台卷圆机同时工作、一天只能卷9个整圆且需要通过多次反转控制圆度的生产工艺瓶颈,实现厚钢板卷制一天最多卷42个圆,节约了大量生产时间; (2)加强过渡桩头部法兰圆度的精度控制,在不同工序多次对孔进行跟踪测量,将误差范围控制在±2mm之内,远超图纸的要求; (3)配备了风电桩体自动化装配、焊接生产流水线、大型数控卷板机、大型立式铣床等专业生产设备	(1)攻克升降系统、高强钢齿条加工、高强钢桩腿焊接、桩腿固定系统等技术难关; (2)掌握大型海上风电机组特种安装装备的核心技术,填补了我国海上风电机组安装装备的空白,缩短了与国外技术水平的差距,形成自主知识产权
欧洲客户"1+1"座400英尺自升式钻井平台	满足钻井平台以丝为单位(100丝=1毫米)的高要求焊接生产精度	(1)在焊前进行大量的试焊与检测,编写了焊接标准,优化装配顺序和焊接顺序,防止薄板变形,辅之以机械校正和火工校正,并进行焊后补偿,以保障焊接精度; (2)由于海上设备对焊缝的低温性能要求高,为找到适用的焊接工艺参数,攻关组选用不同类型的焊材、不同的预热温度、不同层间温度控制、不同的线能量等进行了上百次的试验,找到了适合此类高强钢的焊接工艺参数,并在施工中严格执行这些焊接工艺参数,解决了海工设备的焊接难题; (3)为了保证焊接质量,加强过程控制,自主研发出焊缝跟踪系统,可实现焊缝全过程跟踪	(1)持续开展关键核心配套件的自主研发,建设智能化制造车间; (2)攻克自升式钻井平台整体布置优化、桩腿制造技术、抬升机构设计技术、悬臂梁滑移装置设计技术等技术瓶颈

在从传统港机市场成功转型到高技术含量的海洋工程市场的过程中,振华重工准确把握行业尖端技术的发展方向,通过自主研发,以及与国外技术领先企业的合作研发,突破了新产品的重大生产技术难题和关键技术瓶颈,高端海工设备和大型钢结构的制造能力达到世界先进水平,取得了一系列有自主知识产权的创新成果,工艺创新能力有了战略性的提升。企业在多元化拓展这一阶段具备了较强的产品设计能力和技术开发能力,新产品和新技术层出不穷,工艺创新和产品创新协同发展,振华重工的品牌影响力在新兴市场领域得到认可。

8.4.4 海外市场转型升级阶段：工艺技术数字化

在数字化、智能化的转型过程中，振华重工发力推进从单机设备供应商向系统集成商、自动化码头总承包商的转型进程。随着老码头"绿色环保"和"智能化"的升级需求日益突出，振华重工迎来了更加广阔的市场发展空间，公司凭借雄厚的港口机械产品生产和研发技术水平，自主开发出代表世界港口建设及设备更新趋势的 3E 级超大型岸桥、低姿态岸桥、低碳环保高效的全自动化集装箱码头装备，以节能环保和智能化的产品引领全球港机市场的发展。在转型升级阶段，振华重工完善了"一站二院七部九基"的科研体系，设立了海洋工程设计研究院，以及涂装技术应用、浮吊、钢材应用等 8 个研究所，还与国际技术领先的设计公司、知名高校、研究机构开展高水平的合作研发，获取最先进的技术资源，提升了企业自主研发能力。市场转型升级阶段的创新战略如表 8.6 所示。

表 8.6 海外市场转型升级阶段的创新战略

项 目	具体内容
环境	制造产业互联、数字制造
战略导向	自主创新，转型升级，提升振华重工的市场话语权和技术话语权
产品创新战略	(1)开发引领行业变革的产品； (2)由设备提供商升级为系统解决方案提供商
工艺创新战略	制造业深度融合信息技术，实现智能制造、数字制造
关键流程	搭建数字化平台，完善公司科研创新体系

推动"中国制造"向"中国智造"转型对装备制造行业而言极其重要，数字化变革在企业智能制造战略实施过程中起到关键作用。振华重工于 2015 年开始推进集团层面数字化升级转型，搭建全产业链联动的数字化平台，大力推进数字技术等先进制造技术的应用，拓展企业的成长空间。同时，公司还积极参与智能制造的基础共性技术、关键工艺技术研发，以及行业标准与规范的制定，提升企业在高端设备制造领域的技术话语权，力争在新的技术轨道实现技术引领，实现产品和技术的跨越发展。

8.5 本章小结

中国出口制造企业在发展之初往往凭借劳动力成本优势嵌入全球价值链，但当成本优势带来的市场份额已无法弥补产品价格下降导致的利润减少时，企业必须凭借技术创新来突破低端市场的限制。后发企业可以依靠劳动力资源的比较优势缩小与领先企业的差距，但只有通过技术能力提升才能促进企业转型和产业升级。我国制造企业应该选择与自身技术能力和发展阶段相适合的创新战略，有计划地组织企业工艺创新和产品创新行为，通过有效配置创新资源，最终实现工艺创新与产品创新的协同发展。

我国出口企业的创新行为大多始于产品的模仿创新，在"干中学"中积累了丰富的产品生产技术；随着技术能力的不断提高，企业开始致力于将核心零配件国产化，力图将劳动力的比较优势提升为技术优势；当出现新的市场机会窗口时，企业将以多元化的产品创新战略拓展发展空间，着力突破关键生产技术瓶颈，带动企业转型发展；在面对新产业技术的挑战时，企业必须主动升级生产技术，寻求战略转型，创新活动将呈现更多的颠覆性产品创新和探索性工艺创新，最终引领企业跨越式发展，为制造企业带来更持久的竞争优势。工艺创新是产品升级换代的技术基础，是企业持续高速发展的重要保障，也是抵御市场激烈竞争的关键所在。高精端工艺技术的短板严重制约了我国制造企业的转型升级，使"中国制造"在高端产品市场缺乏竞争力。在供给侧结构性改革的背景下，研究如何提升企业的制造水平和工艺创新能力以满足消费市场升级具有重要的应用价值。

本章研究了振华重工如何紧跟国际市场需求和行业技术发展趋势，动态调整工艺创新战略和产品创新战略，以工艺创新引领企业转型，在重型装备制造领域完成从补缺者到挑战者再到领导者的跨越，伴随技术创新能力的提升，企业出口产品竞争力从成本竞争优势跃至技术竞争优势。发展之初，振华重工通过产品和生产技术的模仿战略，以及和国际接轨的高标准工艺流程，形成强大的制造能力，依靠成本优势和良好的质量控制，振华重工进入并快速占领国际港机市场，完成市场追赶；为满足零部件国产化的生产技术要求，振华重工着力突破关键工艺技术瓶颈，并以国际一流水平的生产基地及先进的生产设备保证企业的大规模生产；随着传统港机市场饱和，企业利润增速放缓，振华重工开始积极调整发展方向，大力研发代表港口机械、海工及大型钢结构领域技术进步方向的生产技术，以多元化产品创新战略带动企业转型发展；在跨越发展阶段，公司不断推进生产制造向绿色化、智能化、数字化迈进，致力于搭建全产业链的数字化平台，以制造业服务化驱动企业未来的高质量发展。从传统港口机械产品，到海洋工程装备及大型钢结构产品，再到自动化码头的系统集成和总承包，振华重工在产品结构调整过程中完成创新转型，构建起完整的产品创新和工艺创新协同发展的创新体系，持续提升出口产品竞争力和企业"走出去"的质量和效益。

本章基于发展情境—创新战略—出口竞争力升级的理论框架，探讨了在企业从市场进入、技术追随到市场引领、技术突破的发展过程中，工艺创新战略和产品创新战略应如何协同发展，并在创新战略演进的视角下，研究了出口产品市场竞争优势的升级路径，厘清海外市场倒逼我国制造企业工艺创新战略升级的机制。通过与发达国家企业的贸易往来，技术后发企业得以接触先进的生产技术，能够主动对标国外标杆企业，提高自身的工艺技术水平，出口学习效应使后发企业能够获取海外市场的技术外溢，尤为重要的是，后发企业为深度参与海外市场，必须努力提高工艺水平和制造能力，持续提升自身的工艺创新能力，形成独特工艺技术的核心优势，实现"出口引致创新"。值得关注的是，并非全部的出口企业都能从海外市场中获得技术溢出，国际化对技术基础薄弱的企业创新影响不大，技术吸收与学习能力的不足使我国大量低技术含量的出口企业未能获取预期中的工艺技术提升，高技术企业更易获取海外市场的创新引致效应，对其创新能力的促进作用更大。

本章拓展了对企业创新战略和出口产品竞争力升级的相关研究，强调了产品创新和工艺创新发展的协同性、创新战略与环境之间的匹配性，以及不同创新战略对出口产品竞争力的差异化作用。本研究旨在补充目前理论界重产品创新轻工艺创新的研究不足，厘清我国制造企业创新战略演进的机制和出口企业产品竞争力的升级路径，指导不同发展阶段企业合理配置创新资源，提升企业整体创新系统的绩效，促进企业转型升级。本章研究结论有助于管理者从创新视角重新认识企业出口行为，鼓励企业积极拓展海外市场，以促进创新能力的提升。以出口促进我国制造企业技术升级是应该坚持的战略导向，从提升我国制造企业工艺技术水平的角度设计相关的出口优惠措施，有助于推动企业从海外市场进行技术学习，增强中国制造企业出口产品的国际竞争力。

本章采用单案例质性研究的方法，虽然收集了大量且丰富的一手资料和二手资料，但是并未采用严格的扎根分析方法对资料进行分类和编码，一定程度上影响了对理论概念的归纳和升华。同时，单案例研究在样本典型性上也会存在一定的不足。在未来的研究中，可以通过多案例的对比分析和规范的扎根分析方法，验证本章提出的创新战略演进和产品竞争力升级的理论模型是否具有代表性，提高研究结论的稳定性。

第 9 章

装备制造企业创新战略及数字化转型

9.1 数字创新战略研究现状

9.1.1 制造企业数字化转型

数字化转型是企业利用互联网、大数据、人工智能等数字技术,全面重塑公司战略思维、业务流程、组织结构和商业模式,构建以数据为核心驱动因素的价值创造体系的过程,实现与利益相关者的紧密关联和价值共创(钱晶晶,何筠,2021)。数字化转型不仅仅是数字技术的采纳问题,而是一系列数字创新的综合效应,并不是简单的数字基础设施和软件平台的部署,而是一个系统工程。

关于制造业数字化转型的研究成果不断涌现,现有文献从多个角度对制造业数字化转型问题进行了有意义的探讨:揭示中国制造业未来数字化、智能化、网络化、服务化的升级趋势(史竹琴,等,2017;张伯旭,李辉,2017),识别出数字化转型的关键技术(谭建荣,等,2017;孟凡生,李晓涵,2017),探索制造企业数字化转型升级路径(林琳,吕文栋,2019;孟凡生,等;2019,郭海,韩信平,2019;Mugge, et al., 2020),以及数字化转型下的企业创新战略变革(肖静华,李文韬,2020)。

企业数字化转型可以是技术推动的数字制造,解决企业生产效率问题;也可以是以市场为导向的数字商业模式,侧重技术在客户价值创造中的关键作用。数字化转型可以采用制造过程数字化先导路径、商业模式数字化先导路径和制造过程与商业模式协同的数字化转型路径(池仁勇,2022),数字化转型可以是与互联网深度融合的数据驱动之路、与研发端深度融合的创新驱动之路、与服务业深度融合的需求驱动之路、与新技术深度融合的供给驱动之路(焦勇,2020)。制造业数字化转型经历了数字化制造、数字化网络化制造、数字化网络化与智能化制造的发展过程(Zhou, et al., 2018;史永乐,严良,2019)。企业通过数字化转型可以实现两个目标:通过数字自动化流程来降低运营成本及通过数字化销售方式增强客户体验以提高市场规模(Verhoef, et al., 2021)。

数字技术极大地改变了组织的内外部环境,并从根本上改变了产品创新和服务创新的本质,进而推动了企业经营理念、组织决策、方法流程和资源能力的重大跃进(陈国青,等,2020),数字化转型本质上是一个战略更新的过程,企业必须关注机会识别和资源整合的因素(Schmitt, et al., 2018)。数字创新作为新技术机会窗口,为企业提供了超越竞争对手的情境(彭新敏,姚丽婷,2019;吴晓波,等,2019),探究后发企业如何利用数字技术变革带来的机会窗口,并通过数字化转型实现超越具有重要的理论和实践意义(刘洋,等,2020)。

9.1.2 制造企业数字创新战略研究

数字化转型可以重塑企业的战略、组织结构、流程、能力和文化,不仅改变了企业的运作模式,对市场和产业也产生了深远的影响 (Vijay, et al., 2019)。然而,企业可能由于战略规划和战略实施之间的不匹配,而无法从数字变革中获取价值(Alessia, et al., 2020)。近几年,有学者开始重视研究制造企业数字化转型阶段创新战略的内容及演进。

数字创新可以分为数字化产品创新(刘洋,等 2020;Jin, et al., 2020)、制造过程创新(刘洋,等,2020;池仁勇,等,2022)、商业模式创新(刘洋,等,2020;池仁勇,2022)、组织创新(刘洋,等,2020)、增值服务创新(Frank, 2020;Jin, et al., 2020)和平台创新(Jin, et al., 2020)等。智能制造和大数据等新兴技术正在改变企业的资源和需求环境,使企业创新活动发生了巨大变化,需要对新环境下的战略变革进行思考(Nambisan, et al., 2017;Faisal, 2019)。为了识别和克服数字化转型过程中的机会和挑战,企业必须适应性调整创新战略,制造企业经历了产品导向到服务导向的战略更新过程(王满四,等,2018),企业可以根据其关键价值主张及数字所有权来选择合适的数字化转型战略,数字化转型阶段的创新战略呈现互联化价值、开放性和平台化的特征(肖静华,李文韬,2020)。

数字化转型需要战略与组织两个维度同时转型,其中打造组织的数字化能力是根本,企业必须具备有效地积累、整合和开发资源的数字化能力,才能够实现数字化转型的价值,数字化能力建设为创新战略的落地提供支撑,在企业创新战略的价值创造中起到重要的中介作用。有学者从多个维度研究了数字化能力的构成。成功实现数字化转型的企业应该具备数据采集分析能力(Lenka, et al., 2017；孟凡生，等，2019；史永乐，严良，2019)、资源整合能力(Chiene, 2019；史永乐，严良，2019)、流程数字化能力(Chiene, 2019；孟凡生，等，2019)、网络平台能力(Lenka, et al., 2017；孟凡生，等，2019；肖静华，李文韬，等，2020)等。

需要特别指出的是，当前多数企业仍处于数据应用的感知阶段而非行动阶段，虽然这些企业数字化转型意愿强烈，但普遍缺乏清晰的战略目标与实践路径，理论界对于智能制造为何会推动企业进行战略变革，以及基于智能制造的战略形态有何创新等问题，尚缺乏深入、系统的探析(肖静华，李文韬，2020)。本章剖析了中国情境下制造企业如何适应变革创新战略，以把握技术范式转换带来的巨大产业发展机遇，对中国制造企业数字化转型实践具有重要的指引作用。

9.1.3 数字创新战略的价值实现

数据正在不断渗透到制造的各个环节，成为制造过程的一种极为重要的生产要素，生产者能够以最低成本搜寻到企业所需的要素，更好地利用数据实现制造过程与需求满足过程的"有效对接"和"无缝衔接"(焦勇，2020)。企业通过应用数字技术改变其价值创造的路径(Ilona, et al., 2018；Vial, 2019)，重构企业的组织方式、生产方式、商业模式和企业边界，对生产、分配、交换和消费等环节的活动产生了重大影响(林琳，吕文栋，2019)。数字经济体系可以通过投入创新数字化、产品创新数字化、工艺创新数字化、市场创新数字化、组织创新数字化等五类渠道实现价值增值(康瑾，陈凯华，2021)，也能够通过开放式创新创造和获取价值(郭海，韩信平，2019)。数字化发展可以显著提高公司业绩(杨德明，刘泳文，2018；石喜爱，等，2018)、促进价值链攀升、提升制造业生产效率(黄群慧，等，2019)、提高地区创新能力(韩先锋，等，2019)，企业需要围绕价值的创造与再创造来进行资源配置以完成数字化转型(肖静华，李文韬，2020)，比如国有企业数字变革就是以经济价值创造、能力价值创造和公共价值创造为导向的(戚聿东，等，2021)。

从经济价值的角度来看，数字经济能够不断弥合制造业不同环节可能存在的信息不对称局面，降低资源信息收集成本，提高企业的全要素生产率，还能基于自身基础性与外溢性特征开辟新的经济增长空间(张鹏，2019)。数字技术能够帮助企业扩大获取资源的范围，助推企业识别未被利用的有价值资源，以发现更多的创新机会，产生新产品和新服务，提高企业创新绩效(王海花，杜梅，2021)。现有文献肯定了数字技术能够提高企业在产品研发、运营管理、市场销售、制造过程等各个环节的绩效表现(肖静华，李文韬，2020；谢康，等，2020；池毛毛，等，2020)。数字化企业能够有效运用消费者数据和生产数据优化自身的生产及决策的过程，提高企业整体的运营效率(Philipp, et al., 2017；戚聿东，蔡呈伟，2019；Vial，2019)，从而驱动企业利润的增长。数字化通过需求创造、业务设计、价值共创、供应链重构、生态圈构建等体现出来，使企业的运营模式发生彻底变革，更好地服务于消费者需求、创造更高的商业价值(陈剑，等，2020)。产品本身的智能化、制造过程的智能化，以及服务的智能化是实现价值创造的主要方向(赵剑波，2020)。

从技术价值角度分析，智能制造使原有制造过程中的关系嵌入转变为技术嵌入，改变了劳动者或利益相关者在制造过程中的价值权重和价值网络地位(肖静华，等，2020)。数字化转型能够有效实现线上平台与线下生产环节的信息交互、网络协同，推动生产模式朝柔性化、网络化、个性定制化、服务化方向发展(史永乐，严良，2019)，从而驱动制造企业的差异化产品研发从产品导向到整体解决方案导向，再到远程运维服务导向进行转移(孟凡生，等，2019)。数字化使企业的产品设计和生产过程更具柔性，提高了创新过程的异质性程度(王梦菲，张昕蔚，2020)，推动产品价值的快速实现。

从战略价值角度考虑，数字化转型是一项长期的战略行动，需要持续投入并着眼于企业的长期绩效提升和价值评估(李东红，2019)。数字化能够重构制造企业的价值链，促使企业由成本价格等初级竞争优势向技术、服务、生态等核心竞争优势转变。在数字化环境中，企业价值创造的方式发生了很大变化，催生出许多商业模式的创新(Nambisan, et al., 2017)，企业能够利用商业模式创新充分挖掘数字技术的潜在价值，进行全新的价值创造(Sorescu, 2017)，寻求建立数字化环境下的新型战略合作伙伴关系(Shaikh, Levina, 2019)，对供应链和协作平台产生积极影响(Lisa，2019)。数字技术使企业之间、企业内各个部门之间可调用资源的范围更广、类型更丰富，由此产生互联化的战略价值(肖静华，李文韬，2020)

数字化转型是一项复杂的技术驱动业务转型，既要在战略层面理解数字技术，又要在实践中培育数字创新能力，并理解数字化产品、技术和商业模式的普遍使用将如何影响企业的价值创造和价值获取(Lenka，et al.，2017)。企业数字化转型可能面临诸多风险和不确定性，并不会自动地产生价值，明确企业通过何种机制从数字技术中获取商业价值会提高企业数字化转型的积极性(Chiene，蔡跃洲，2019)。数字技术对我国制造业增长的影响存在较为显著的行业异质性，促进作用主要体现在机械设备制造业，而对轻纺制造业和资源加工业的渗透应用不足(陈楠，2021)。数字技术对企业经济绩效的显著影响可能受到供应链平台的调节作用(Li，et al.，2020)，价值网络位置和资源异质性使企业在机会识别和资源获取等方面存在差异，能够影响企业数字创新绩效。另外，还要综合考虑组织层面的变革敏捷性与技术嵌入适应性这两种情境因素对企业数字化转型过程的调节作用(池仁勇，等，2022)。

虽然绝大多数制造企业认同数字化转型是提高其未来竞争力的保障，将数字化转型作为战略发展的核心，但当前企业数字化转型的成功率非常低(Faisal，2019；Konya，2019)。企业在数字化转型中面临巨大的业绩压力(李东红，2019)，虽然存在实施数字化转型升级的意愿，但考虑到高昂的实施成本和生产过程的不稳定性，企业对数字化升级改造顾虑较多，大部分企业还在权衡投入—产出的比例，许多制造企业对是否实施智能化转型升级犹豫不决(孟凡生，等，2019)。因此，数字技术的投资回报和创新收益是加速制造企业数字化转型进程的关键问题。

9.2 制造企业数字创新政策分析

"十三五"期间，中国制造业数字化、网络化、智能化水平得到显著提升，涌现出离散型智能制造、流程型智能制造、网络协同制造、大规模个性化定制及远程运维服务等新模式和新业态。截至 2021 年，智能制造装备国内市场满足率已经超过 50%；通过智能化改造，智能制造示范项目生产效率平均提高 45%、产品研制周期平均缩短 35%、产品不良品率平均降低 35%，制造业重点领域关键工序数控化率、数字化研发设计工具普及率分别达 51.3% 和 74.7%。但在核心制造工艺、基础电子元器件、关键基础材料、数字化软件等领域，我国制造企业的数字化发展尚存空间。当前国内外的市场环境发生了一系列深刻变化，在全球制造产业新的竞争格局中，我国制造企业要想取得竞争优势，就要全面提高制造技术水平，借助新一轮数字科技革命的机遇，以数字创新驱动企业高质量发展。

数字创新有助于我国突破自主创新能力不足的"阿喀琉斯之踵"，摆脱关键核心技术受制于人的困境。扶持数字制造、智能制造正成为国家政策制定的焦点，"十四五"规划明确提出要推动先进制造业与互联网、大数据和人工智能产业的深度融合，表 9.1 为 2016—2021 年国家支持制造行业创新发展的主要政策文件。国家支持制造企业利用先进工业软件进行智能化改造、开展智能工厂和数字车间建设、构建数据平台支持全流程业务共享和协同，全面推动新一代信息技术和制造业的深度融合。

表 9.1　2016—2021 年国家支持制造行业创新发展的主要政策文件

序号	政策文件	颁发部门	颁布时间	主要内容
1	《中华人民共和国国民经济和社会发展第十三个五年规划纲要》	全国人大	2016 年 3 月	实施高端装备创新发展工程，明显提升自主设计水平和系统集成能力。实施智能制造工程，加快发展智能制造关键技术装备，强化智能制造标准、工业电子设备、核心支撑软件等基础。加强工业互联网设施建设、技术验证和示范推广，推动中国制造+互联网取得实质性突破。培育推广新型智能制造模式，推动生产方式向柔性化、智能化、精细化转变，鼓励建立智能制造产业联盟
2	《"十三五"国家战略性新兴产业发展规划》	国务院	2016 年 11 月	加快高档数控机床和智能加工中心研发与产业化，突破多轴、多通道、高精度高档数控系统、伺服电机等主要功能部件及关键应用软件，开发和推广应用精密、高速、高效、柔性并具有网络通信等功能的高档数控机床、基础制造装备和集成制造系统。突破智能传感与控制装备、智能检测与装配装备、智能物流与仓储装备、智能农业机械装备，开展首台套装研究开发和推广应用，提高质量和可靠性

续表

序号	政策文件	颁发部门	颁布时间	主要内容
3	《汽车产业中长期发展规划》	工信部、国家发改委、科技部	2017年4月	鼓励企业加强高强轻质车身、关键总成及其精密零部件、电机和电驱动系统等关键零部件制造技术攻关，开展汽车整车工艺、关键总成和零部件等先进制造装备的集成创新和工程应用。推进安全可控的数字化开发、高档数控机床、检验检测、自动化物流等先进高端制造装备的研发和推广。加快3D打印、虚拟与增强现实、物联网、大数据、云计算、机器人及其应用系统等智能制造支撑技术在汽车制造装备的深化应用
4	《高端智能再制造行动计划(2018—2020年)》	工信部	2017年10月	加强高端智能再制造关键技术创新与产业化应用，推动智能化再制造装备研发与产业化应用，实施高端智能再制造示范工程，完善高端智能再制造产业协同体系，加快高端智能再制造标准研制，探索高端智能再制造产品推广应用新机制，建设高端智能再制造产业网络信息平台
5	《增强制造业核心竞争力三年行动计划(2018—2020年)》	国家发改委	2017年12月	到"十三五"末，智能机器人、智能汽车、轨道交通装备等制造业重点领域突破一批重大关键技术，实现产业化，形成一批具有国际影响力的制造企业，打造一批中国制造的知名品牌
6	《国家智能制造标准体系建设指南》(2018版)	工信部、国家标准委	2018年8月	加快创新技术成果向标准转化，深化智能制造标准国际交流与合作，提升标准对制造业的整体支撑作用，为产业高质量发展保驾护航
7	《产业结构调整指导目录(2019年本)》	国家发改委	2019年10月	现代高端装备的维护与维修、数字化生产线改造与集成、工业服务网络平台、工业电商、智能装备远程运维管理系统、智慧工厂设备监测诊断平台、预测性维护系统、专业维修服务和供应链服务、工业管理服务属于国家鼓励类产业
8	《上海市建设100+智能工厂专项行动方案(2020—2022年)》	上海市经信委等	2020年9月	三年推动建设100家智能工厂，打造10家标杆性智能工厂，培育10家行业一流水平的智能制造系统集成商，搭建10个垂直行业工业互联网平台

续表

序号	政策文件	颁发部门	颁布时间	主要内容
9	《国家标准化发展纲要》	中共中央、国务院	2021年10月	加强核心基础零部件、先进基础工艺、关键基础材料与产业技术基础标准建设，加大基础通用标准研制和应用力度，制定安全可靠、国际先进的通用技术标准
10	《"十四五"智能制造发展规划》	工信部等8部门	2021年12月	提出建设智能制造示范工厂，到2025年，70%的规模以上制造业企业基本实现数字化和网络化，建成500个以上引领行业发展的智能制造示范工厂

9.3　创新战略与数字化转型理论模型

数字化转型不能仅仅依赖某一项数字技术，更不是把软件系统投入使用就可以完成，数字化不是传统的信息化，而是对整个企业系统的变革，是一次企业形态的进化，目标是提升企业的价值创造能力。数字化转型是以价值创造为目的，以提升效率和效益为导向，是激发数据的创新潜能、用数字技术驱动业务变革的过程。数字化转型能够帮助制造业有效应对国内资源禀赋和外部竞争环境变化等挑战，赋能制造业重构竞争优势。数字化转型不能只从技术升级与改造角度来理解，其核心内涵是数字创新的战略管理。

数字创新战略可以具体分为数字产品创新战略、数字技术创新战略和数字平台创新战略，企业可以根据数字技术能力和价值网络位势的演进，适应性地调整创新战略，数字创新战略又将通过产品升级、技术升级，以及网络关系升级为企业带来产品增值、技术领先、价值网络位势等异质性专有资源的增加，最终为企业创造短期经济价值、技术价值与战略价值。其中，经济价值又分为成长绩效收益与政策资助收益；技术价值又分为产品增值收益、技术导向收益；而战略价值则由管理导向收益和关系导向收益构成。

数字创新战略及价值实现如图 9.1 所示。

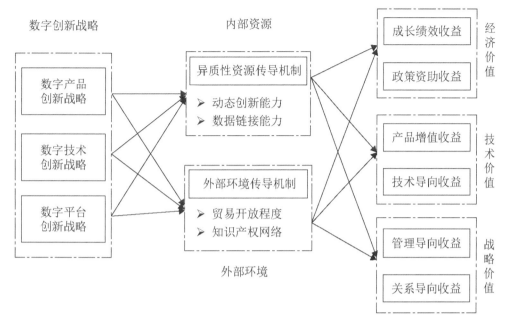

图 9.1　数字创新战略及价值实现

产品升级机制主要是开发出更加符合消费需求的智能化创新产品，实现精准的个性化定制，并为客户提供产品全生命周期的增值服务，加速制造服务化的进程。技术升级机制主要是以数字化生产设备和数字化工艺设计为基础，推动生产制造过程向协同化、网络化与智能化方向转型。网络关系升级机制主要是通过重新定义组织边界，提高企业资源获取和整合能力，实现协同创新，拓宽价值创造渠道。通过产品升级、技术升级和网络关系升级，企业将极大改善内外部环境，逐步形成动态创新能力和数据链接能力，这些异质性资源保障企业能够获取和整合海量数字资源，助力企业创造经济价值、技术价值和战略价值。随着网络关系及价值网络位势的改善，企业也可以通过更开放的国际贸易和更完善的知识产权交易网络重新定义组织边界，赋能企业的数字转型，从而助力创造数字创新价值。

9.4 装备制造企业数字创新战略案例研究

9.4.1 数字产品创新赋能——振华重工数字化转型

2019年，交通运输部发布《关于建设世界一流港口的指导意见》，要求到2025年，世界一流港口建设取得重要进展，主要港口绿色、智慧及安全发展实现重大突破；到2035年，主要港口总体达到世界一流水平，引领全球港口绿色发展、智慧发展；到2050年，全面建成世界一流港口，形成若干个世界级港口群，发展水平位居世界前列。码头向自动化、智能化及大型化方向的发展已是大势所趋，自动化集装箱码头在降低码头人力成本、提高港口通过能力、降低装卸作业能耗、提升港口品牌形象等方面的优势凸显。振华重工参与全世界71%的自动化码头建设，青岛港、厦门远海港及上海洋山港等集装箱码头都是振华重工自动化码头一体化解决方案的成功典范。

自动化码头的关键操作系统一直是由国外厂商提供，国外自动化码头操作系统的价格普遍较高，特别是购买高级功能模块需要支付高昂的定制化费用且开发周期较长，虽然振华重工一直和Navis等美国企业进行合作，但在当前国际贸易保护主义倾向日益严重的背景下，必然会面临"卡脖子"的风险，这将导致在国际市场竞争中十分被动，关键的码头核心操作系统国产化及自主可控的重要性不言而喻。

码头操作系统不仅关乎自动化码头整体服务水平，更有助于企业向码头总承包商的战略转型。振华重工自主开发的自动化码头系统，通过智能管理、自主装卸、智能政务、智能商务四大功能模块打通了港航物流链的各个节点，"车、船、港、货、人"五大基本要素实现有序联动，对港口集疏运、码头生产操作、仓储管理、物流跟踪、海关监管、设备监控、环境监测及客户服务等多种需求作出智慧型响应和实时优化管理及服务，实现物联网、移动互联网、大数据、云计算、电子商务及人工智能等现代信息技术对港口商业模式的全方位支持。

在制造业服务化的大背景下,大型设备的远程状态监测和在线故障诊断、预测、维护已经成为装备制造企业未来的业务发展趋势。振华重工港口机械设备占全球市场份额的82%,传统的事后维护和定期维护已经很难满足用户的需求,迫切需要建立一套岸桥全寿命健康监控系统,实现岸桥产品的高效维护和优质服务,提高产品附加值。振华重工自主研发了智能化码头设备调度控制系统,以实时、精细颗粒度监测设备的运行状态,为港机和海工设备提供全生命周期的维保方案,加速了振华重工制造业服务化转型的进程。该系统收集全球岸桥产品从制造到售后的全流程数据,与振华重工主数据管理(MDM)系统和产品生命周期管理(PLM)系统对接,对数据进行深度挖掘,以大数据技术驱动运维服务,实现岸桥的维保建议自动生成、维保信息全记录和智能快速运维服务,而且振华重工能够通过码头智能视频监控,智能识别集装箱箱号、车牌号、车辆运行轨迹追踪及人员安全检测等,并对业务环节数据进行分析,发现码头作业效率瓶颈,帮助用户快速对问题进行定位并缩短解决时间,提升码头整体服务水平。

振华重工数字软件产品的价值创造如表9.2所示。

表9.2 振华重工数字软件产品的价值创造

价值创造	具体内容
经济价值	①提高自动化码头整体服务水平;②降低人力成本和维保成本;③增加维保等后市场服务收入
技术价值	①核心技术实现国产化;②提高产品附加值;③数据融合
战略价值	①转型为自动化码头总承包商;②实现港口装备全生命周期管理与维护;③实现制造业服务化转型

振华重工自主开发的数字化软件系统大幅提升了自动化码头港口设备的安全可靠性,显著降低了设备维保费用,实现了全球港口装备全生命周期管理与维护。码头生产管理系统能将日常维保的人力成本缩减40%,关键位置和部件的检测成本几乎全部免除;自动化码头操作系统实现自主开发后,每台机载系统成本可控制在100万~150万元人民币,仅占一台岸桥价格的2%左右;拥有全套自主技术后,按一套面向港口运行商和零部件供应商每年各30万~50万元人民币的服务费计算,每年自动化软件系统将为振华重工多创收600万~1000万元人民币。

9.4.2 数字制造赋能——三一重工数字化转型

三一重工是以"工程"为主的装备制造业,是中国最大、全球第五的工程机械制造商,业务覆盖全球150多个国家和地区。三一重工成立于1994年,受限于原始资源禀赋及与领先企业存在技术能力的差距,成立之初大量引入国外成熟产品、技术和工艺设备进行生产,关键部件依赖进口,但公司在发展初期就将技术创新摆在首要位置,积极进行模仿与经验学习,不断进行技术探索与本土化改造。1995年,公司创始人梁稳根力邀中国液压专家易小刚加入三一重工,开始自主进行技术和产品研发。在易小刚的努力下,三一重工找到了一条非传统的产品研发路线,基于每个元件要实现的功能,利用通用机械原理,对标准配件进行功能自行设计组装,凭借稳定可靠的性能和便宜的价格,三一重工很快获得了市场的认可,打破了国外品牌的技术壁垒。1996年,三一重工第一件专利诞生。

2003年7月3日,三一重工在上海A股上市,自此进入快速发展阶段。公司大力推行现代化管理,以研发和服务为核心能力,加快产品更新换代的步伐和市场开拓力度,确定了"1233"经营战略,即一个根本——以人才为根本;研发和服务两项核心能力;规模、效益和品牌三者关系;三个利用:一是利用国际分工、重组和国际市场,二是利用资本市场,三是利用新技术带来的产业升级。三一重工以"品质改变世界"为企业使命,将产品品质视为企业价值和尊严的起点,以"流程化、准时化、自动化"为三大工艺技术支柱,力图实现"高品质、低成本"的目标。

三一重工非常重视优化工艺流程,运用六西格玛方法,启动精益制造变革,不断地提升产品质量和产品性能。公司拥有ISO 9000质量体系认证、ISO 14001环境管理体系认证、GB/T 28001职业健康安全管理体系认证和中国CCC认证,以及美国UL认证、德国TUV认证及欧盟CE认证等国际认证等,全面推动工艺流程的规范性和工艺能力的提升。公司制定了《生产计划管理制度》《生产报工管理制度》及《工序外协采购管理制度》等制度和80多项设备操作规程,并就梳理出的问题形成《核心业务流程优化清单》,持续建立与完善有竞争力的流程体系。

三一重工将研发投入视为最有效的投资，大幅增加研发投入，加强核心技术研究，截至2020年，研发人员达5 346人，同比增长69%；研发投入达62.59亿元，同比增长33.20%，占营业收入的比例达6.30%；公司累计申请专利10 278项，授权专利7 613项，申请及授权数居国内行业第一。目前三一重工拥有2个国家级企业技术中心、1个国家级企业技术分中心、3个国家级博士后科研工作站、3个院士专家工作站、4个省级企业技术中心、1个国家认可试验检测中心、2个省级重点实验室、4个省级工程技术中心、1个机械行业工程技术研究中心和1个省级工业设计中心。

工程机械行业正面临第四次工业革命带来的机遇，数字化转型将成为未来装备制造企业必然的发展趋势。三一重工积极探索商业模式、产品研发模式、生产模式和后市场服务模式的数字化转型路径，综合应用智能化、数字化及自动化等技术，努力成为制造业数字化转型的典范。

三一重工北京桩机工厂里配备8个柔性工作中心、16条智能生产线、375台全联网生产设备，智能化贯穿工厂的每个环节，实现了生产制造要素全链接，数据平台日夜不停采集工厂里近3.6万个数据点数据，为每一道工序、每一个机型，甚至每一把刀具等"算"出最优参数。智慧工厂"人机协同"，物料分拣、销轴装配等"脏活""累活"全部由机器人来承担；机器人AI还能通过免编程方式学习"老师傅"的技能，实现隐性知识的传承。三一重工北京桩机工厂利用先进的人机协同、自动化、人工智能和物联网技术，突破了无人下料等八大核心关键技术，带动生产率提高85%，生产周期减少77%，大幅降低了制造成本。正如三一重工董事长梁稳根先生所说，北京桩机工厂是三一数字化转型的里程碑，是三一重工成为智能制造先驱的关键一步。

三一重工以数字化工厂建设为核心，大力推动营销信息化项目、研发信息化项目、产销存一体化项目、供应商管理信息化项目等制造设备数字化项目，实现"一切业务数据化""一切数据业务化"，将流程活动标准化、在线化、自动化、智能化，最终实现管控精细化、决策数据化、应用场景化。公司率先在行业内建立企业控制中心,依托"云端+终端"的物联网平台,建立起智能服务体系,实现了全球范围内工程设备 2 小时到现场、24 小时完工的服务承诺;通过"在线+网络协同+数据智能",三一重工实现产品的全生命周期管理,提升产品交付能力,提高客户满意度;通过提供整体解决方案、承包经营及设备入股等方式,推进公司由"单一设备制造"向"设备制造+服务"转型。

三一重工数字制造的价值创造如表 9.3 所示。

表9.3 三一重工数字制造的价值创造

价值创造	具体内容
经济价值	①提升产品质量;②提高客户满意度;③实现降本增效
技术价值	①研发多款智能化产品;②实现工业技术和数字技术融合
战略价值	推进"单一设备制造"向"设备制造+服务"转型

三一重工把握工程机械的发展方向,加大电动化、无人化、智能化技术研发力度,实现工业技术和数字技术的完美融合,利用无人驾驶、远程遥控、智能操作、大数据分析等智能技术及 5G 网络,研发多款智能化产品,覆盖挖掘机、起重机、搅拌车、自卸车及路面机械,提升了公司产品竞争力。与数字化改造前相比,工厂总体生产设备作业率从 66.3%提升到 86.7%,平均故障时间下降 58.5%,人均产值达到 1 072.8 万元,当之无愧成为全球重工行业智能化程度最高、人均产值最高及单位能耗最低的工厂之一。

9.4.3 数字平台赋能——上汽集团数字化转型

上汽集团是中国三大汽车集团之一,其业务覆盖整车、零部件的研发、生产、销售,以及相关汽车服务贸易和金融业务,是国内 A 股市值最大的汽车公司,整车上市率为99%以上,是国内第一家拥有全产业链的汽车上市公司。上汽集团大力推进智能网联平台建设,链接用户端、设计端和生产端的创新资源,打造创新生态,推动数字转型价值实现。

早在 2014 年，上汽集团就与阿里巴巴签署"互联网汽车"协议，设立 10 亿元"互联网汽车基金"，同时双方合资成立斑马网络，发布斑马智行，共同推进互联网汽车开发和智能汽车解决方案的实现。2017 年，为提升智能网联技术优势，上汽集团启动了全球最大规模互联网汽车用户空中升级(OTA)，增强了智能语音控制、大数据主动导航、出行娱乐云计算和智联远程车控等功能，进一步提升了用户体验。2018 年，上汽集团聚焦"最后一公里"自主泊车项目，与 Mobileye 等高科技企业合作，加快推进智能驾驶中央决策系统控制器(iECU)软硬件集成开发，全面提升在智能驾驶领域的核心技术能力。2021 年，上汽集团携手阿里巴巴和张江高科，打造智能电动汽车高端品牌"智己汽车"，通过自主开发中央计算和跨域融合的全新一代电子架构，以及开放型面向服务软件架构的 SOA 软件平台，致力实现"数据决定体验、软件定义汽车"，让车辆真正成为移动的智能终端，为用户提供全生命周期可定制化的软件服务，成为"智能时代出行变革的实现者"。

上汽集团是业内首个采用无线电池管理系统(wBMS)搭建电动平台——奥特能(Ultium)平台的汽车企业，不仅能实现快速规模化生产，还能进一步提高零部件的共用性，在提升车辆稳定性的同时，最大化地减少车主后期的维护成本，开发空间和技术灵活性得到大幅提升。上汽集团还加快推进大数据业务和人工智能云计算平台建设，使其在用户行为特征分析、门店库存优化等项目中发挥重大作用，通过业务大数据系统，上汽乘用车公司从研发源头做到"以用户为中心"，借助海量数据深入洞悉用户偏好，为用户带来"千人千面""千车千面"的个性化体验，同时也使研发周期缩短 38.4%，产品不良率下降 7.5%，生产效率提高 22%。

上汽大通汽车有限公司(以下简称"上汽大通")搭建多个数字化平台，通过生产流程和商业模式的数字化变革，以智能化、定制化为主导，实现企业与消费者及供应商之间的数字链接。

在消费端，上汽大通首创 C2B 智能化定制模式，由用户驱动研发和智能生产。"我行 MAXUS"数字化平台是用户参与汽车设计和制造的入口，"蜘蛛智选"平台承载着用户的多样化汽车配置需求数据的整合和匹配任务,"工程在线"平台建立了上汽大通工程师和社会设计力量协同设计的环境,从车型的开发阶段开始,让用户深度参与全过程,推动新产品开发及产品迭代。

在生产端,上汽大通借助行业领先的工程数据智能分析、数字化生产技术、数字化质量管理系统和数字化供应链等,驱动生产过程更加透明、高效和智能,支持多种相似产品的混线生产和装配,实现了大规模个性化智能定制。上汽大通建立数字化工艺平台,把设计方案转化为制造方案,并通过虚拟仿真系统实现设计和工艺的数字化验证,减少实物造车问题,提升制造的柔性化,为交付需求的快速响应提供保障。

在供应端,上汽大通建立起 BOM 数据、库存数据和生产数据等共享平台,提高了供应链数据交互的准确性和实时性,减少供货提前期。同时上汽大通还与主要供应商协作推进模块化项目,实现与主机厂整车同步的零部件生产,最大限度做到供应链零库存,提升对消费者新需求的响应效率。

上汽集团数字平台的价值创造如表 9.4 所示。

表 9.4　上汽集团数字平台的价值创造

价值创造	具体内容
经济价值	①抢占智能汽车领域;②缩短研发周期,提高生产效率;③提升用户体验
技术价值	①掌握智能驾驶领域核心技术;②推进大数据和人工智能云计算平台建设;③实行个性化汽车研发设计
战略价值	①向高科技企业全面转型;②转型提供数字化交通解决方案

9.5　本章小结

在传统制造强国的高端制造回流和东南亚国家以更低劳动成本争夺低端制造的双面夹击下,我国制造企业正处于转型发展的档口,装备制造产业关联度高、就业吸纳能力强，技术资金密集，是衡量一个国家制造业综合竞争实力的重要标志。装备制造企业提质发展是深化供给侧结构性改革的关键举措，是中国实现"制造强国"的必然选择，也是中国制造企业在竞争日趋激烈的环境中抢占未来经济和科技发展制高点的关键。当前，中国涌现出一批在海工设备、大型飞机、交通装备等领域具备领先技术创新能力和国际竞争力的装备制造企业，但与国际先进水平相比，虽然中国装备制造企业PCT专利数量近年急速增加，但整体技术实力依然较弱(刘兰剑，等，2020)，当前仅有7%装备制造企业实现了数字化制造，成为"转型领军者"，绝大多数制造企业仍处于数字化转型的初级阶段(孟凡生，等，2019)。

中国装备制造企业正面临"高端回流"与"低端分流"的双重竞争压力，而且近年来美国等发达国家对中国装备制造业加紧实施各种技术防范措施，必将破坏中国企业传统的"引进—消化吸收—跟随创新"的发展路径，如不尽早摆脱"路径依赖"，就有可能陷入"只赶不超"的困境，失去利用新产业革命实现"弯道超越"的机会，甚至可能被进一步拉大差距。如果长期嵌入全球价值链中低端，就会束缚中国后发装备制造企业把握智能制造的先机，以及抢占未来国际竞争中的主动权和话语权(胡峰，等，2021)。

本章研究了装备制造企业数字创新战略及其对企业价值创造的影响。首先评述了目前数字创新战略、数字化转型及其价值实现等相关理论文献，研究发现，当前对数字创新战略的表现形式及其如何影响企业价值实现的探究比较薄弱。其次梳理了2016—2021年支持数字制造、智能制造的主要政策文件，发现目前政策大力支持制造企业利用先进工业软件、建设智能工厂和数字车间、构建数据平台等，以推动新一代信息技术和制造业深度融合。最后探讨了制造企业应该如何利用数字产品创新战略、数字技术创新战略及数字平台创新战略实现数字化转型，数字创新战略能为企业创造什么样的经济价值、技术价值及战略价值。

本章深入探讨了三家装备制造企业的数字创新战略，以及其为企业带来的经济价值、技术价值和战略价值。振华重工通过自主开发码头管理系统，提高了自动化码头整体服务水平，实现了港口装备全生命周期管理，最终促进企业实现制造业服务化转型;三一重工的数字化工厂实现了工业技术和数字技术的完美融合,通过智能化制造技术和工艺流程体系,成为装备制造行业的技术领导者;上汽集团大力推进智能网联平台建设,建立"端到端"的数字化产品体验闭环,探讨智能驾驶和数字化交通解决方案,并通过构建大数据和人工智能云计算平台,在研发前端就考虑消费者诉求,实现了个性化汽车研发设计,提升了用户体验,缩短了研发周期,推动上汽集团从传统的汽车制造企业向高科技企业全面转型。

通过三个典型装备制造企业数字化转型过程中的数字创新战略及价值实现的质性研究可知,数字创新战略能够通过技术升级机制、产品升级机制和网络关系升级机制为企业带来产品增值、技术领先、价值网络位势等异质性专有资源的增加,最终为企业创造更高的价值,实现数字化转型。

第 10 章

结论与展望

第 10 章 结论与展望

10.1 创新战略驱动企业价值实现的系统动力学分析

10.1.1 理论基础

创新战略演进、技术能力演化和价值创造是我国制造企业当前转型升级实践中面临的重要问题。基于战略管理理论中的资源基础观与有机战略观,本章构建了创新战略、政府规制及技术能力促进企业价值实现的系统动力学模型,从动态管理的视角,研究我国制造企业在追赶与跨越式发展过程中,企业创新战略和技术能力的演进形式及协同匹配关系,并在此基础上提出有效促进创新战略价值最大化的政策建议和管理建议。

创新战略驱动企业价值实现是一个复杂动态的开放性过程,企业内部和外部因素共同作用于创新战略子系统和价值创造子系统。内部驱动因素需要着重考虑企业的技术能力等异质性资源,以及企业的创新意愿。外部驱动因素关注政府规制,包括技术标准、环境规制、融资约束、税收减免、财政补贴和环境开放程度等。内部能力驱动与外部环境驱动交互关联和动态整合,促进制造企业的创新战略的成功实施,实现企业技术价值和经济价值。基于理论基础和对企业的深度调研,本章构建了制造企业创新战略与价值实现之间的动态演化理论模型,如图 10.1 所示。

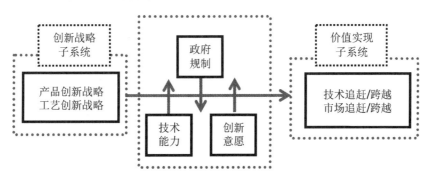

图 10.1 创新战略与价值实现的理论模型

10.1.2 研究设计

系统动态学强调反馈系统的多回路、多阶段、非线性特征，关注变量之间的因果关系如何影响系统行为，是描述和理解复杂非线性系统的基本工具，能够很好地模拟现实复杂的企业创新系统的演变发展。本章应用系统动力学模型，构建因果关系模型和系统流图，分析了在内外部驱动因素下，制造企业创新战略驱动价值实现的机理，通过调节环境规制强度和企业技术能力，以及创新意愿，对制造企业创新战略的价值创造进行了模拟仿真。

在建立因果关系阶段，本研究选择了常柴股份、上海电气、上海汽车、振华重工、徐工机械等案例企业；访谈对象包括企业高层和中层管理人员、企业研发工作负责人、一线技术员工等；访谈内容包括企业核心技术的发展历程、企业重大创新战略的变革、技术能力和创新意愿、企业主要的技术创新成果和创新绩效等，并对访谈数据进行"三角检验"。

通过开放式和半结构化访谈，本书获得了企业数字转型系统中各子系统之间的因果关系，确定影响各子系统的关键指标，以及主要变量之间的关系，探索系统的主导反馈回路和动态运行过程，并通过访问者提供的信息进行参数赋值，经过几个回合的互动修改，得出双方意见一致的系统动力学模型，以及对应变量和参数的数据，进而得到模型中三个子系统之间的动态反馈关系，再借助系统动力学模型进行仿真模拟，提出基于价值创造的企业创新战略决策模型。

10.1.3 系统动力学模型构建

创新战略按照创新内容划分为工艺创新战略和产品创新战略。对于后发企业而言，工艺创新往往领先于产品创新，面对创新资源的限制，企业很难在同一时间将两种创新战略并重。事实上，制造企业由于所处的发展阶段和战略定位不同，对工艺创新和产品创新是有所侧重的。比如，在数字化时代，产品创新战略主要是开发更加符合消费需求的智能化创新产品，实现精准的个性化定制，并为客户提供产品全生命周期的增值服务,加速制造服务化的进程。工艺创新战略主要是以数字化生产设备和数字化工艺设计为基础,推动生产制造过程向协同化、网络化与智能化方向转型。创新战略通过技术能力等异质性资源为企业带来产品增值、技术领先等经济价值和技术价值。开放的技术环境和知识产权保护、激励性政府规制等外部环境因素也激发了企业创新意愿,促进企业实现创新成果的转化,最终为企业创造经济价值、技术价值和战略价值。

基于系统动力学模型,本章构建由创新战略、企业内部异质性资源和外部环境规制,以及创新价值实现三个相互关联和影响的子系统构成的非线性动态反馈的系统动力学模型,技术能力及环境规制等相关变量将整个创新战略子系统和价值实现子系统贯穿起来,实现了三个子系统的有机整合,形成了一个完整的创新战略驱动市场和技术价值实现的总系统。具体包括创新战略的选择和调整过程,技术创新能力和环境规制的演化过程,以及经济绩效和技术效率的提升过程,揭示了制造企业创新战略、政策规制、技术能力与价值实现的动态变化关系,归纳出不同发展阶段创新战略和价值实现之间的动态演化规律。

创新战略子系统描述了企业产品创新和工艺创新的战略形式,以及创新战略形式转变的内在机理。在不同的发展阶段,企业的战略定位有所不同,通过合理、有效的配置与利用创新资源,企业得以实现市场和技术的追赶和跨越,技术能力和创新意愿能够影响企业的创新战略选择,促进企业高质量创新战略的实施。

内外部驱动因素子系统呈现了企业技术能力、政府政策的演化路径。产品创新和工艺创新行为增加了企业技术存量,推动技术能力的提升与演化,从而能够促进企业创新意愿。政府政策的激励强度不同会产生差异化的企业创新意愿,良好的技术交易市场、金融市场和政府财税补贴等外部环境及政策都会刺激企业进一步开展创新活动,提高了企业创新的预期价值。

价值实现子系统揭示了创新战略在内外部驱动因素的影响下,提升企业经济绩效和技术效率的路径,以及创新战略驱动企业实现追赶和跨越的因果关系。

10.1.4 因果关系回路

因果关系模型是探索系统要素之间反馈结构的重要工具。系统要素之间的非线性因果关系可分为正向关系和负向关系两种，正向关系表明一个变量的变动会引起相应的变量同向变动；反之，则为负向关系。

制造企业创新战略与价值实现的动态演化的因果关系回路，描述了制造企业通过创新战略与内外部驱动因素的动态演化提升技术效率和创新绩效的路径和机理。根据理论模型中的因果关系分析框架，本书构建了制造企业创新驱动价值实现的因果关系模型，如图 10.2 所示。

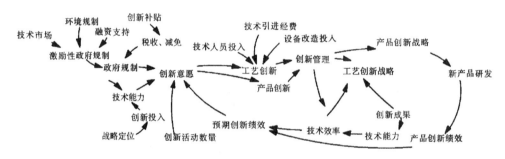

图 10.2 创新驱动价值实现的因果关系模型

以下主要分析两条主导反馈回路。

第一，环境规制→创新意愿→创新投入→技术能力→产品创新战略→创新绩效→创新意愿。这是一条正反馈回路，描述了政策规制的总体动态反馈过程。优秀的创新环境增加了企业的创新意愿，企业主动投入更多的资源进行创新，技术能力得到了有效的提升，企业有能力开展高质量的产品创新活动，在市场上创新产品获得正向反馈，提升了创新绩效，企业的创新意愿进一步得到强化。

第二，技术能力→创新意愿→工艺创新→创新成果→技术效率→技术能力。这是一条正反馈回路，描述了技术能力的动态变化过程。随着自身技术能力的提高，企业实施技术领先的创新战略的意愿就越强，企业越能够充分利用技术范式的转换实现技术跨越，努力产出技术前沿的创新成果，确保企业的技术优势，提升技术效率，进一步强化企业的创新意愿，对企业技术能力积累产生积极的影响作用。

模型构建考虑到数据的可获取性，将上述因果关系模型进行简化得到相应的流图，描述了系统结构的整体框架和变量之间的定量关系。关注政府规划包括市场开放程度、融资支持、税收政策、财政补贴和知识产权保护，创新战略以工艺专利和产品专利数量进行衡量，选取创新绩效和 DEA 技术效率来衡量企业的创新价值，创新意愿从创新投入、创新经济绩效、创新行为数量三个维度来衡量，企业的技术能力从技术人员投入、创新资金投入、工艺技术引进及设备改造投入等方面进行评估。主要变量的方程设计如表 10.1 所示。

表 10.1 主要变量的方程设计

变量	变量方程
政府规制	政府规制=市场开放程度+融资支持+税收政策+财政补贴+知识产权保护
创新价值	创新绩效=工艺创新绩效+产品创新绩效 技术效率=DEA 分析得出的技术效率
工艺创新	工艺创新=工艺创新专利
产品创新	产品创新=产品创新专利
创新意愿	创新意愿=创新投入+创新经济绩效+创新行为数量
技术能力	技术能力=技术人员投入+创新资金投入+工艺技术引进及设备改造投入

10.1.5 模型仿真与分析

采用 Vensim 软件对所构建的创新战略驱动价值实现的模型进行初始化仿真，以此判断模型的合理性和有效性。设定仿真时间为 60 个月，在不同时间点的仿真结果显示，创新绩效和技术效率整体呈现逐步上升的趋势。随着企业规模的扩大，R&D 资金和技术引进及设备改造投入增多，企业技术能力得到提升，创新绩效的增速呈现由缓慢上升到逐渐加快的趋势，适宜的创新战略带来较高的创新绩效，企业的创新能力也得到进一步提高。企业工艺创新呈现后期增速逐步加快的增长趋势，企业产品创新呈现后期增速平缓的增长趋势，这与企业创新实践相符合，随着技术积累的增强，企业会将创新战略聚焦于跨越式的工艺技术创新，产品创新会以较慢的速率增长。上述四个变量的发展趋势与实际情况符合，系统动力学模型能够较好地体现制造企业创新战略驱动价值实现的现实情形。

仿真模拟的结果显示，创新战略与技术创新能力的动态演化随着周期的延续而增强，为企业创新价值实现提供必要条件。我国制造企业的技术效率整体上呈现逐渐增强的趋势，企业通过对外部技术的学习和利用及内部知识的积累和转化，不断丰富创新活动，产生了更多的创新成果，促进企业创新绩效持续提高。系统中关键变量均呈现有规律地演化提升趋势，这说明工艺创新和产品创新与价值实现存在动态的适应关系，且这种关系的协同可以促进技术效率和创新绩效的提升。仿真分析结果如图10.3所示。

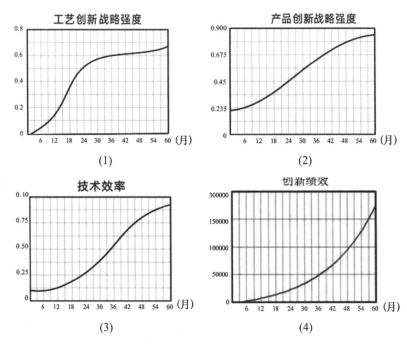

图10.3　仿真分析结果

10.1.6　敏感度仿真分析

灵敏度分析是改变模型的相关参数导致曲线的变化程度。在仿真分析验证设置模型的合理性和有效性的基础上，通过调整政策规制和技术能力的数值进行灵敏度分析。

1. 政府规制的灵敏度分析

在保持其他参数不变的情况下,设置高中低三个政府规制参数,以此探索政府规制强度对制造企业创新战略的影响,从曲线的斜率来看,曲线呈现边际递增的特征,说明在高强度的政府规制中比在低强度的政府规制中产生的工艺创新和产品创新数量要多,而且在高强度政府规制中,创新绩效的积累量增长更加迅速,表明随着政府规制强度的提升,企业的创新意愿会越强烈,产品创新和工艺创新的成果越丰富,企业的创新绩效越高。

政府激励性的规制,如对创新型企业的税收减免、创新补贴、颠覆性技术的政策保护空间等,有助于提升企业的创新意愿,激发企业的创新行为;鼓励创新的市场环境也有利于企业的创新成果在技术市场上进行交易,从而使创新绩效得以快速实现。创新预期经济和技术收益的提高能够显著影响企业的创新意愿。

2. 技术能力的灵敏度分析

在保持其他参数不变的情况下,调节技术能力参数,以此探索技术能力对企业创新战略及创新价值实现的影响。随着企业技术能力的提高,开展工艺创新和产品创新的意愿将加大,企业有能力从事更高质量的创新活动,从而获得技术领先优势,企业的技术效率得到有效提升。从曲线的斜率来看,曲线呈现边际递增的特征,说明企业技术能力的不断提升增强了企业的创新意愿,进一步促进了创新行为,在较高的技术水平下,企业持续开展工艺创新和产品创新的意愿也会增强,从而推动企业的创新绩效和技术效率增长更加迅速。

创新战略与技术能力的动态演化,使企业实现高质量发展。灵敏度分析结果如图 10.4 所示。

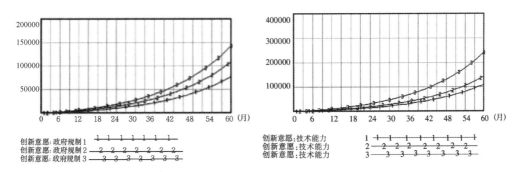

图 10.4 灵敏度分析结果

10.1.7 研究结论

创新战略和政府规制及技术能力的动态演化如何促进企业价值实现？本章基于系统动力学，构建了由企业创新战略、内外部驱动因素和价值实现三个子系统组成的演化分析框架及理论模型，揭示了制造企业在内部技术能力和外部政策环境驱动下，产品创新战略和工艺创新战略与企业价值实现的动态演化规律。

系统动力学方法是一种对复杂时变系统进行仿真模拟的有效方法，适用于分析内外反馈信息、非线性特性和时间延迟影响。系统动力学仿真结果表明：①创新战略与技术能力之间呈现多段动态平衡演化关系，根据技术能力选择合适的创新战略，有利于显著提升企业的技术效率。但仅仅实行一种创新战略很难保证长期的竞争优势，只有协同的创新战略系统才能够促进企业实现创新价值。②政府规制、技术能力等异质性资源能够明显推进企业创新意愿，是企业创新战略价值实现的重要动力，随着政府规制的增强、技术能力和创新意愿的提升，制造企业产品创新和工艺创新的强度和绩效逐步提高。

本章把创新战略与价值实现纳入一个系统，建立因果关联、信息反馈的系统模型，明确系统中各内部要素之间相互作用的关系，以及与外部系统之间的联系，以创新战略与价值实现的协调发展为基点，构造了系统动力学模型并进行仿真与模拟，以期为企业和政府的创新战略提供政策建议。

1. 加强对企业高水平创新的政策支撑

营造鼓励创新的外部环境，优化企业创新发展空间，不断完善扶持制造企业高水平创新的各项人才、金融和技术交易等政策对激发中国制造企业的创新动力和产出具有重要意义，尤其是给予企业突破性创新政策保护，鼓励制造企业的高水平创新意愿，开展引领行业技术发展方向的工艺创新和满足更高消费需求层次的产品创新活动。

2. 提高产品创新和工艺创新的预期收益

是否能获得满意的预期收益是影响制造企业创新行为的重要因素。中国制造企业需要对产品和服务,以及工艺技术进行不断创新,通过创新驱动企业绩效有效提升,当产品创新能够获得差异化的市场优势、工艺创新能够为企业带来明显的技术价值时,企业的创新意愿将进一步增强,创新活动得到正向反馈,实现企业的高质量发展。

3. 注重自身技术能力的提升

在不确定性的技术环境下,加大创新投入显然是提高企业创新绩效的重要手段,只有努力实现自身技术能力的提升,才能保证企业的长期竞争优势。制造企业可以有目标性地选择与技术能力的不同发展水平相匹配的创新战略,合理配置创新资源,以创新驱动企业技术效率和创新绩效提升,同时完成新一轮的技术能力积累。

本书深化了创新战略"动态性"的研究,运用系统动力学的研究方法对创新价值实现系统的运行规律进行仿真与分析,进一步增强了企业对创新战略和创新绩效关系的认识。我国制造企业可以更多地关注创新战略匹配,结合发展情境、政策导向和技术能力等,选择适宜的产品创新战略和工艺创新战略,以驱动企业经济价值和技术价值的实现。

在本书关于企业创新战略驱动价值实现的动态关系研究中,外部驱动因素只考虑了政府规制,没有将其他环境因素的影响纳入分析框架中,也没有考虑企业技术能力演化与创新战略、创新战略与企业价值实现之间的时间延迟问题,而时间延迟往往是影响系统运行结果的重要因素。在未来的研究中还可以进一步加入对其他外部环境因素及时间延迟问题的探讨。

10.2 主要研究结论

本书依据技术创新学、管理学和经济学的相关理论,在对创新战略理论和实践的背景分析基础上,结合我国制造业上市公司创新行为的特征,以我国企业创新战略研究的理论模型为指导,从什么是影响产品创新战略和工艺创新战略选择的关键因素与创新战略对企业价值实现具有何种影响这两条研究思路出发,尤其是探讨了数字产品创新、数字工艺创新和数字平台创新推动我国制造企业数字化转型价值实现的路径,对我国企业的创新战略问题进行了系统、深入地探究。本书以 2001 年之前沪、深两市 A 股上市的电子材料和电子元器件、家电、汽车及零部件、医药及钢铁五个行业的 159 家制造企业为研究样本,其中家电行业 14 家,生物医药行业 53 家,钢铁行业 24 家,汽车及零部件行业 45 家,电子材料和电子元器件行业 23 家,研究跨度为 2001—2020 年,最终得到 3 180 个平衡面板观测值。实证分析得到的重要研究结论如下。

第一,工艺创新目前不是我国企业的主导创新类型。

我国制造业上市公司的工艺专利和产品专利都在逐年增长,并且工艺专利的增长速度更快,但其总量还明显低于产品专利,工艺专利的平均份额仅为 30.96%。我国企业为了快速满足市场需求,不断地开发新产品,忽视了工艺技术的改进和生产设备的革新,但是随着企业工艺技术瓶颈的加深,尤其是数字技术的兴起,企业工艺创新的意识将日益提高。

第二,规模对企业工艺创新具有显著的促进作用,其作用方式不仅是通过直接影响,还通过改变企业资本设备投资和出口贸易的技术学习效应间接促进工艺创新活动。

规模越大的企业工艺创新产出和工艺创新意愿就会越高。企业只有具备了一定的规模才能受益于国际市场的技术外溢,获得出口的学习效应,从而促进工艺创新的开展,大型出口企业和新兴行业中的企业工艺创新的动机更为明显;密集型资本对工艺创新的促进潜力只有在大企业中才能得到充分发挥,对于小企业来说,可能会因为缺少必要的技术人员和知识储备使资本密集的生产流程抑制其工艺改进;员工规模对工艺创新的积极作用不如销售收入大,企业的销售规模对工艺创新的刺激作用更加显著。

第三,技术人员的占比和出口贸易对工艺创新具有显著的正向作用,国有企业更倾向于开展产品创新,资本存量对工艺创新不存在显著影响。

技术人员的数量体现了企业的吸收能力，是我国企业学习和吸收已有技术范式、实现二次创新的重要保证，吸收能力的积极效应在新兴企业样本组中尤为明显。与发达国家企业的贸易往来是技术后发企业获得先进技术的重要途径，出口的学习效应会刺激企业工艺创新活动的开展，并且出口贸易对新兴企业的工艺创新比对传统企业作用程度更大。

国有制度更有利于产品创新的开展，产品创新能够集中体现出企业的创新能力，国有企业尤其是大型国有企业有能力也有责任不断推出具有行业领先水平的高质量创新产品，国有企业能够推广、应用并产业化最新的工艺创新成果，推出高水平的创新产品，引领行业发展，而且国有企业和其他性质的企业对效率提升的关注无明显差异；资本密集度对工艺创新没有显著影响，但促进了我国企业产品创新的开展，由于缺少必要的吸收能力，我国中小制造企业无法充分吸收机器设备中的生产工艺技术，工艺创新产出并未受益于大量资本设备，盲目引进先进的生产设备并不会对企业的工艺创新产生正向作用，工艺水平的提高不应仅仅依赖于资本投入，企业还要大力培养技术人员，提高吸收能力，实现二次创新，充分发挥现有设备的技术潜力。

第四，工艺创新能够促进企业收入增长，且比产品创新对企业内部效率和长期竞争力的作用程度更大。

由于创新需要投入大量资源，开展工艺创新会抑制一定时期内的销售收入增长，但从专利授权后的第三年开始，工艺创新对企业销售收入增长率呈现促进作用，并且这种正向作用的滞后效应非常显著，随着滞后期的延续，工艺创新对企业销售收入增长速度的积极影响越来越大。累积工艺创新和产品创新对企业劳动生产率都具有显著的促进作用，且工艺创新对企业劳动生产率影响的程度更大。

第五，工艺创新会抑制当期内员工规模，但累积工艺创新能够促进就业，尤其是增加了对技术人才的需求。

工艺创新对企业当年的就业人数会产生抑制作用，这是因为先进工艺技术和效率更高的机器设备往往对劳动力形成替代作用，减少了对员工的需求，但是企业累积工艺创新(过去三年的工艺专利总和)可以创造就业机会，且对技术人员数量的促进作用要高于生产人员。

第六，数字创新战略能够为企业带来产品增值、技术领先及价值网络位势等异质性专有资源的增加，最终为企业创造价值。

数字产品创新战略、数字技术创新战略及数字平台创新战略变革了企业传统的创新行为，通过聚焦智能化产品，融合数字化技术，打造数字平台协同创新，促进企业短期经济价值和技术价值实现，也能够推动企业实现转型升级的战略价值的实现。

结合主要研究结论，本书提出如下政策建议。

(1) 促进重点行业的企业兼并重组和战略合作，在鼓励大企业积极开展工艺创新的同时，建议完善相关的技术创新政策，以鼓励中小企业实现合作创新，形成科研技术联盟，规模化经营对攻克关键工艺技术十分必要。

(2) 建议制定相关的出口优惠措施，积极发展高质量的外向型经济，使我国企业可以密切追踪国外的先进技术，推动企业从出口市场上进行技术学习，从而提高企业的工艺技术水平。

(3) 建议完善鼓励企业工艺创新的政策体系，合理引导创新资源分配，搭建工艺创新公共技术平台，设立工艺成果奖励基金，加大对工艺专利的保护力度和对企业工艺创新的扶持力度。这样不仅可以提高我国制造企业的经济绩效及运作效率，而且从长远来看能够为高技术人才创造就业机会。

(4) 面对势不可当的数字化转型浪潮，制造企业需清晰认知所处发展情境及自身的技术实力，采用合适的数字产品创新战略、数字技术创新战略及数字平台创新战略，促进企业经济价值、技术价值及战略价值的实现，最终成功实现数字化转型升级。

10.3　研究局限和进一步研究展望

本书在利用专利信息研究企业工艺创新方面作出了有意义的尝试，但仍存在以下一些值得注意的问题。

(1) 本书的研究样本为 159 家制造业上市公司,有限的研究样本并不能完全代表我国制造业的创新行为。另外,由于小企业数据可得性受到约束,本书的研究样本只涵盖了上市公司的数据,其销售规模均在 5 亿元以上,这必然会产生一定的样本选择误差。

(2) 使用专利来替代企业的创新活动存在一些潜在的问题,专利在很大程度上只是一种中间产品,它反映了新技术知识,却没有反映新知识是否有经济价值,重大的工艺技术创新和生产过程中的技术改进对企业发展的意义肯定是不同的,本书没有考虑专利质量对企业经济绩效的影响这一重要问题,在未来的研究中,若将专利引用量这一因素纳入绩效增长模型中,得到的结论可能会更加有意义。

(3) 对于不同的创新类型,专利保护的有效性是不同的,产品专利要比工艺专利更易获得,大企业也要比小企业具有更强的专利申请倾向(Lunn,1987)。对于工艺创新来说,通过正式的或是战略性的方法来保护创新不那么重要(Griffith,2006)。大量进行工艺创新的企业通常不申请专利,其根本原因是缺乏专利申请的动机,产品创新容易通过反向工程进行模仿,需要使用法律手段进行保护,而模仿工艺创新的成果需要很多特定的知识和技能,难度较大,而且企业一般难以发现自己的工艺创新被模仿,因此采取秘密的形式来保护工艺创新成果更有效(袁健红,2014)。工艺专利数量并不能够代表企业的全部工艺创新,许多未获得专利保护的工艺革新和流程改进没有纳入研究范围,因而专利数据可能会低估企业的工艺创新成果。

在未来的研究中,可以通过问卷调查的方式继续深入探究我国企业的创新行为,一方面可以获得有关企业创新战略的一手数据,补充未公开的创新信息;另一方面,还可以将中小企业纳入研究范围,扩大研究样本量,提高研究结论的稳定性。另外,绿色工艺技术创新也是未来制造行业亟须解决的关键问题,对我国制造企业的升级改造和战略转型具有重大影响,将是未来研究的一个关注点。

参 考 文 献

[1] ACHIM SCHMITT, SEBASTIAN RAISCH, HENK W. VOLBERDA. Strategic Renewal: Past Research, Theoretical Tensions and Future Challenges[J]. International Journal of Management Reviews, 2018, 20(1): 81-98.

[2] ANTONUCCI T, PIANTA M. Employment Effects of Product and Process Innovation in Europe[J]. International Review of Applied Economics, 2002, 16(3): 295-307.

[3] BANDYOPADHYAY S, ACHARYYA R. Process and Product Innovation: Complementarity in a Vertically Differentiated Monopoly with Discrete Consumer Types[J]. Japanese Economic Review, 2004, 55(2): 175-200.

[4] BAYUS B L. Optimal dynamic policies for product and process innovation[J]. Journal of Operations Management, 1995, 12(3–4): 173-185.

[5] BECKER S, EGGER P. Endogenous product versus process innovation and a firm's propensity to export[J]. Empirical Economics, 2013, 44(1): 329-354.

[6] BHOOVARAGHAVAN S, VASUDEVAN A, CHANDRAN R. Resolving the Process vs Product Innovation Dilemma: A Consumer Choice Theoretic Approach[J]. Management Science, 1996, 42(2): 232-246.

[7] BOGLIACINO F, PIANTA M. Innovation and employment: a reinvestigation using revised Pavitt classes[J]. Research Policy, 2010, 39(6): 799-809.

[8] BONANNO G, HAWORTH B. Intensity of competition and the choice between product and process innovation[J]. International Journal of Industrial Organization, 1998, 16(4): 495-510.

[9] BOONE J. Competitive Pressure: The Effects on Investments in Product and Process Innovation[J]. The RAND Journal of Economics, 2000, 31(3): 549-569.

[10] BUNDUCHI R, WEISSHAAR C, SMART A U. Mapping the benefits and costs associated with process innovation: The case of RFID adoption[J]. Technovation, 2011, 31(9): 505-521.

[11] CASSIMAN B, GOLOVKO E, MARTÍNEZ-ROS E. Innovation, exports and productivity[J]. International Journal of Industrial Organization, 2010, 28(4): 372-376.

[12] CASTELLANI D. Export behavior and productivity growth: Evidence from Italian manufacturing firms[J]. Review of World Economics, 2002, 138(4): 605-628.

[13] CHANDRAN GOVINDARAJU V G R, VIJAYARAGHAVAN G K, PANDIYAN V. Product and process innovation in Malaysian manufacturing: The role of government, organizational innovation and exports[J]. Innovation: Management, Policy & Practice, 2013, 15(1): 52-68.

[14] CHEN Y, SAPPINGTON D E M. Designing input prices to motivate process innovation[J]. International Journal of Industrial Organization, 2009, 27(3): 390-402.

[15] CHUDNOVSKY D, LÓPEZ A, PUPATO G. Innovation and productivity in developing countries: A study of Argentine manufacturing firms' behavior (1992-2001)[J]. Research Policy, 2006, 35(2): 266-288.

[16] COHEN W M, KLEPPER S. Firm Size and the Nature of Innovation within Industries: The Case of Process and Product R&D[J]. The Review of Economics and Statistics, 1996, 78(2): 232-243.

[17] DAMANPOUR F, GOPALAKRISHNAN S. The Dynamics of the Adoption of Product and Process Innovations in Organizations[J]. Journal of Management Studies, 2001, 38(1): 45-65.

[18] DAMIJAN J P, KOSTEVC Č, POLANEC S. From Innovation to Exporting or Vice Versa?[J]. World Economy, 2010, 33(3): 374-398.

[19] D'ASPREMONT C, JACQUEMIN A. Cooperative and Noncooperative R&D in Duopoly with Spillovers[J]. The American Economic Review, 1988, 78(5): 1133-1137.

[20] E. KONYA-BAUMBACH, M.C. SCHUHMACHER, S. KUESTER, et al. Making a first impression as a start-up: Strategies to overcome low initial trust perceptions in digital innovation adoption[J]. International Journal of Research in Marketing, 2019, 36(3): 385-399.

[21] ERNST H. Patent applications and subsequent changes of performance: evidence from time-series cross-section analyses on the firm level[J]. Research Policy, 2001, 30(1): 143-157.

[22] EVANGELISTA R, SAVONA M. Innovation, employment and skills in services: firm and sectoral evidence[J]. Structural Change and Economic Dynamics, 2003, 14(4): 449-474.

[23] EVANGELISTA R, VEZZANI A. The impact of technological and organizational innovations on employment in European firms[J]. Industrial and Corporate Change, 2012, 21(4): 871-899.

[24] EVANS D S. The relationship between firm growth, size, and age: Estimates for 100 manufacturing industries[J]. The journal of industrial economics, 1987, 35(4): 567-581.

[25] FILIPPINI L, MARTINI G. Strategic Choice between Process and Product Innovation under Different Competitive Regimes[J]. International Game Theory Review, 2010, 12(2): 139-159.

[26] FILSON D. The Nature and Effects of Technological Change over the Industry Life Cycle[J]. Review of Economic Dynamics, 2001, 4(2): 460-494.

[27] FILSON D. Product and process innovations in the life cycle of an industry[J]. Journal of Economic Behavior & Organization, 2002, 49(1): 97-112.

[28] FORBES N, WIELD D. Innovation Dynamics in Catch-Up Firms: Process, Product and Proprietary Capabilities for Development[J]. Industry and Innovation, 2008, 15(1): 69-92.

[29] FRITSCH M, MESCHEDE M. Product Innovation, Process Innovation, and Size[J]. Review of Industrial Organization, 2001, 19(3): 335-350.

[30] GOEDHUYS M, VEUGELERS R. Innovation strategies, process and product innovations and growth: Firm-level evidence from Brazil[J]. Structural Change and Economic Dynamics, 2012, 23(4): 516-529.

[31] GOMEZ J, VARGAS P. The effect of financial constraints, absorptive capacity and complementarities on the adoption of multiple process technologies[J]. Research Policy, 2009, 38(1): 106-119.

[32] GRILICHES Z. Patent statistics as economic indicators: a survey[J]. Journal of Economic Literature, 1990, 28(12): 1661-1707.

[33] GUNDAY G, ULUSOY G, KILIC K, et al. Effects of innovation types on firm performance[J]. International Journal of Production Economics, 2011, 133(2): 662-676.

[34] HAALAND J I, KIND H J. R&D policies, trade and process innovation[J]. Journal of International Economics, 2008, 74(1): 170-187.

[35] HALL B H, LOTTI F, MAIRESSE J. Innovation and productivity in SMEs: empirical evidence for Italy[J]. Small Business Economics, 2009, 33(1): 13-33.

[36] HARRISON R, JAUMANDREU J, MAIRESSE J, et al. Does innovation stimulate employment? A firm-level analysis using comparable micro-data from four European countries[J]. International Journal of Industrial Organization, 2014(35): 29-43.

[37] HAYES R H, WHEELWRIGHT S C. Link manufacturing process and product life cycles[J]. Harvard Business Review, 1979, 57(1): 133-140.

[38] HUERGO E, JAUMANDREU J. How Does Probability of Innovation Change with Firm Age?[J]. Small Business Economics, 2004, 22(3-4): 193-207.

[39] ILONA I, THALMANN S, MANHART M, et al.. Reconciling Digital Transformation and Knowledge Protection[J]. Knowledge Management Research & Practice, 2018, 7:1-10.

[40] JIN J, MA L, YE X W. Digital transformation strategies for existed firms: from the perspectives of data ownership and key value propositions[J]. Asian Journal of Technology Innovation, 2020, 28(1):77-93.

[41] KEUNJAE L, SANG-MOK K. Innovation Types and Productivity Growth: Evidence from Korean Manufacturing Firms.[J]. Global Economic Review, 2007, 36(4): 343-359.

[42] KOBERG C S, DETIENNE D R, HEPPARD K A. An empirical test of environmental, organizational, and process factors affecting incremental and radical innovation[J]. The Journal of High Technology Management Research, 2003, 14(1): 21-45.

[43] KRAFT K. Are product and Process Innovations Independent of Each Other?[J]. Applied Economics, 1990, 22(8): 1029-1038.

[44] LACHENMAIER S, ROTTMANN H. Effects of innovation on employment: A dynamic panel analysis[J]. International Journal of Industrial Organization, 2011, 29(2): 210-220.

[45] LAMBERTINI L, ORSINI R. Process and product innovation in a vertically differentiated monopoly[J]. Economics Letters, 2000, 68(3): 333-337.

[46] LAMBERTINI L, MANTOVANI A. Process and product innovation by a multiproduct monopolist: A dynamic approach[J]. International Journal of Industrial Organization, 2009, 27(4): 508-518.

[47] LAMBERTINI L, MANTOVANI A. Process and product innovation: A differential game approach to product life cycle[J]. International Journal of Economic Theory, 2010, 6(2): 227-252.

[48] LENKA S, PARIDA V, WINCENT J. Digitalization Capabilities as Enablers of Value Co-creation in Servitizing Firms[J]. Psychology & Marketing, 2017, 34(1): 92-100.

[49] LI Y, LIU Y, REN F. Product innovation and process innovation in SOEs: evidence from the Chinese transition[J]. The Journal of Technology Transfer, 2007, 32(1-2): 63-85.

[50] LI Y, DAI J, CUI L. The impact of digital technologies on economic and environmental performance in the context of industry 4.0: A moderated mediation model[J]. International Journal of Production Economics, 2020(229).

[51] LIN P, SAGGI K. Product differentiation, process R&D, and the nature of market competition[J]. European Economic Review, 2002, 46(1): 201-211.

[52] LINTON J D, WALSH S T. A theory of innovation for process-based innovations such as nanotechnology[J]. Technological Forecasting and Social Change, 2008, 75(5): 583-594.

[53] LISA A J. Digital transformation technologies as an enabler for sustainable logistics and supply chain process-an exploratory framework [J]. Brazilian Journal of Operations & Production Management, 2019, 16 (3):462-472.

[54] LUNN J. An Empirical Analysis of Process and Product Patenting: A Simultaneous Equation Framework[J]. The Journal of Industrial Economics, 1986, 34(3): 319-330.

[55] LUNN J. An empirical analysis of firm process and product patenting[J]. Applied Economics, 1987, 19(6): 743.

[56] MAHMOOD FAISAL, KHAN ABDUL ZAHID, KHAN, MOHAMMAD BASHIR. Digital organizational transformation issues, challenges and impact: A systematic literature review of a decade[J]. Abasyn University Journal of Social Sciences, 2019, 12(2):231-249.

[57] MAINE E, LUBIK S, GARNSEY E. Process-based vs. product-based innovation: Value creation by nanotech ventures[J]. Technovation, 2012(32): 179-192.

[58] MANSFIELD E. Industrial R&D in Japan and the United States: A Comparative Study[J]. The American Economic Review, 1988, 78(2): 223-228.

[59] MANTOVANI A. Complementarity between product and process innovation in a monopoly setting[J]. Economics of Innovation and New Technology, 2006, 15(3): 219-234.

[60] MARTINEZ-ROS E. Explaining the decisions to carry out product and process innovations: The spanish case[J]. The Journal of High Technology Management Research, 1999, 10(2): 223-242.

[61] MCGAHAN A M, SILVERMAN B S. How does innovative activity change as industries mature?[J]. International Journal of Industrial Organization, 2001, 19(7): 1141-1160.

[62] MUGGE P, ABBU H, MICHAELIS T L, et al.. Alexander Kwiatkowski, Gerhard Gudergan. Patterns of Digitization: A Practical Guide to Digital Transformation[J]. Research Technology Management, 2020(63): 2, 27-35.

[63] NAMBISAN S, LYYTINEN K, MAJCHRZAK A, et al. Digital Innovation Management: Reinventing Innovation Management Research in a Digital World[J]. MIS Quarterly, 2017, 41(1): 223–238.

[64] ORJI CHIENE IKE. Digital business transformation: towards an integrated capability framework for digitization and business value generation[J]. Journal of Global Business & Technology, 2019, 15(1): 47-57.

[65] ORNAGHI C. Spillovers in product and process innovation: Evidence from manufacturing firms[J]. International Journal of Industrial Organization, 2006, 24(2): 349-380.

[66] PETSAS I, GIANNIKOS C. Process versus Product Innovation in Multiproduct Firms[J]. International Journal of Business and Economics, 2005, 4(3): 231-248.

[67] PHILIPP G, FRITZSCHEB A. Data-Driven Operations Management: Organisational Implications of the Digital Transformation in Industrial Practice[J]. Production Planning & Control, 2017, 28(16):1332-1343.

[68] XU Q, CHEN J, GUO B, Perspective of technological innovation and technology management in China[J]. IEEE Transactions on Engineering Management, 1998, 45(4): 381-387.

[69] REICHSTEIN T, SALTER A. Investigating the sources of process innovation among UK manufacturing firms[J]. Industrial and Corporate Change, 2006, 15(4): 653-682.

[70] ROSENKRANZ S. Simultaneous choice of process and product innovation when consumers have a preference for product variety[J]. Journal of Economic Behavior & Organization, 2003, 50(2): 183-201.

[71] ROUVINEN P. Characteristics of product and process innovators: some evidence from the Finnish innovation survey[J]. Applied Economics Letters, 2002, 9(9): 575-580.

[72] SCHERER F M. Demand-pull and technological invention: Schmookler revisted[J]. The Journal of Industrial Economics, 1982, 30(3): 225-237.

[73] SCHERER F M. Using Linked Patent and R&D Data to Measure Interindustry Technology Flows[J]. R&D Patents & Productivity, 1984(64):417-464.

[74] SHAIKH M, LEVINA N. Selecting an open innovation community as an alliance partner: Looking for healthy communities and ecosystems[J]. Research policy, 2019, 48(8): 1-66.

[75] SLEUWAEGEN L, GOEDHUYS M. Growth of firms in developing countries, evidence from Côte d'Ivoire[J]. Journal of Development Economics. 2002, 68(1): 117-135.

[76] SIMONETTI R, ARCHIBUGI D, EVANGELISTA R. Product and process innovations: How are they defined? How are they quantified?[J]. Scientometrics, 1995, 32(1): 77-89.

[77] SORESCU A. Data-driven Business Model Innovation[J]. Journal of Product Innovation Management, 2017, 34(5): 691-696.

[78] TANG J. Competition and innovation behaviour[J]. Research Policy. 2006, 35(1): 68-82.

[79] TSAI K. R&D productivity and firm size: a nonlinear examination[J]. Technovation, 2005, 25(7): 795-803.

[80] TSAI K, WANG J. Does R&D performance decline with firm size?—A re-examination in terms of elasticity[J]. Research Policy, 2005, 34(6): 966-976.

[81] UTTERBACK J M, ABERNATHY W J. A dynamic model of process and product innovation[J]. Omega, 1975, 3(6): 639-656.

[82] VERHOEF P C, BROEKHUIZEN T, BART Y, et al. Digital transformation: A multidisciplinary reflection and research agenda[J]. Journal of Business Research, 2021(122): 889-901.

[83] VIAL G. Understanding Digital Transformation: A review and a research agenda[J]. The Journal of Strategic Information Systems, 2019, 28(2):118-144.

[84] VIVERO R L. Product Differentiation and Process R&D: The Trade-off Between Quality and Productivity in the Spanish Firm[J]. Journal of Industry, Competition and Trade, 2001, 1(2): 181-202.

[85] VIVERO R L. The impact of process innovations on firm's productivity growth: the case of Spain[J]. Applied Economics, 2002, 34(8): 1007-1016.

[86] WEISS P. Adoption of Product and Process Innovations in Differentiated Markets: The Impact of Competition.[J]. Review of Industrial Organization, 2003, 23(3): 301-314.

[87] WAHEED A．The employment effect of innovation: Evidence from Bangladesh and Pakistan[J]. The Pakistan Development Review, 2017, 56(2) : 105 -126．

[88] ZHOU J, LI P, ZHOU Y, et al. Toward new-generation intelligent manufacturing[J]. Engineering, 2018, 4(1): 11-20.

[89] ZUNIGA P, CRESPI G. Innovation strategies and employment in Latin American firms[J]. Structural Change and Economic Dynamics, 2013(24): 1-17.

[90] 包群, 叶宁华, 邵敏. 出口学习、异质性匹配与企业生产率的动态变化[J]. 世界经济, 2014(4): 26-48.

[91] 毕克新, 丁晓辉, 张铁柱. 制造业中小企业工艺创新存在的问题与发展对策[J]. 科技进步与对策，2004(6)：10-12.

[92] 毕克新, 孙德花. 基于复合系统协调度模型的制造业企业产品创新与工艺创新协同发展实证研究[J]. 中国软科学，2010(9)：156-162.

[93] 曹砚辉, 梅其ູ. 关于中小企业工艺创新的思考[J]. 科技管理研究, 2001(2): 34-35.

[94] 柴斌锋. 中国民营上市公司 R&D 投资与资本结构、规模之间关系的实证研究[J]. 科学学与科学技术管理，2011(1)：40-47.

[95] 柴俊武, 万迪昉. 企业规模与 R&D 投入强度关系的实证分析[J]. 科学学研究，2003(1)：58-62.

[96] 陈春花. 传统企业数字化转型能力体系构建研究[J]. 人民论坛·学术前沿, 2019(18)：6-12.

[97] 陈国青, 曾大军, 卫强, 等. 大数据环境下的决策范式转变与使能创新[J], 管理世界, 2020, 36(2)：95-105+220.

[98] 陈剑, 黄朔, 刘运辉. 从赋能到使能——数字化环境下的企业运营管理[J]. 管理世界, 2020, 36(2)：117-128+222.

[99] 陈楠, 蔡跃洲. 数字技术对中国制造业增长速度及质量的影响——基于专利应用分类与行业异质性的实证分析[J]. 产业经济评论, 2021(6)：46-67.

[100] 陈宁, 常鹤. 企业创新决策与成长路径——基于资源学派视角的实证研究[J]. 科学学研究, 2012(3)：458-465.

[101] 陈伟. 一种新的工业创新分布型式(模型)[J]. 科研管理, 1994(6)：28-35.

[102] 陈英. 技术创新的二重经济效应与企业的技术选择[J]. 南开经济研究, 2003(3)：41-44.

[103] 程源, 杨湘玉. 微电子产业演化创新模式的分布规律——改进的 A-U 模型[J]. 科研管理, 2003(3): 19-24.

[104] 程源, 高建, 杨湘玉. 电视行业演化创新分布模式: A—U 模型的新解释[J]. 科研管理, 2005(1): 42-46.

[105] 池毛毛, 叶丁菱, 王俊晶, 等. 我国中小制造企业如何提升新产品开发绩效——基于数字化赋能的视角[J]. 南开管理评论, 2020, 23(3): 63-75.

[106] 池仁勇. 不同规模企业的技术创新比较分析[J]. 软科学, 2002(4): 84-88.

[107] 池仁勇, 郑瑞钰, 阮鸿鹏. 企业制造过程与商业模式双重数字化转型研究[J]. 科学学研究, 2022, 40(1): 172-181.

[108] 戴翔, 张雨. 开放条件下我国本土企业升级能力的影响因素研究——基于昆山制造业企业问卷的分析[J]. 经济学(季刊), 2013(4): 1387-1412.

[109] 戴跃强, 达庆利. 企业技术创新投资与其资本结构、规模之间关系的实证研究[J]. 科研管理, 2007(3): 38-42.

[110] 邓永旭. 我国工业企业创新状况的基本特征[J]. 中国国情国力, 2008(1): 35-37.

[111] 冯磊东, 顾孟迪. 纵向差异下工艺创新对产品创新的影响[J]. 管理工程学报, 2018, 32(3): 73-81.

[112] 傅家骥. 技术创新学[M]. 北京: 清华大学出版社, 1998.

[113] 高良谋, 李宇. 技术创新与企业规模关系的形成与转化[J]. 中国软科学, 2008(12): 96-104.

[114] 高良谋, 李宇. 企业规模与技术创新倒 U 关系的形成机制与动态拓展[J]. 管理世界, 2009(8): 113-123.

[115] 古利平, 张宗益. 中国制造业的产业发展和创新模式[J]. 科学学研究, 2006(2): 202-206.

[116] 郭斌, 许庆瑞, 陈劲, 等. 企业组合创新研究[J]. 科学学研究, 1997(1): 13-18.

[117] 郭海, 韩佳平. 数字化情境下开放式创新对新创企业成长的影响: 商业模式创新的中介作用[J]. 管理评论, 2019, 31(6): 186-198.

[118] 韩先锋, 宋文飞, 李勃昕. 互联网能成为中国区域创新效率提升的新动能吗? [J]. 中国工业经济, 2019(7): 119-136.

[119] 胡峰, 袭讯, 俞荣建, 等. 后发装备制造企业价值链转型升级路径分析——逃离"俘获型"价值链[J]. 科研管理, 2021, 42(3): 23-34.

[120] 黄解宇, 孙维峰, 杨朝晖. 创新的就业效应分析——基于中国上市公司微观数据的实证研究[J]. 中国软科学, 2013(11): 161-169.

[121] 黄群慧, 余泳泽, 张松林. 互联网发展与制造业生产率提升: 内在机制与中国经验[J]. 中国工业经济, 2019(8): 5-23.

[122] 焦勇. 数字经济赋能制造业转型: 从价值重塑到价值创造[J]. 经济研究参考, 2020(14): 87-94.

[123] 荆逢春, 陶攀, 高宇. 中国企业存在出口学习效应吗?——基于所有制结构角度的实证研究[J]. 世界经济研究, 2013(3): 41-47.

[124] 康瑾, 陈凯华. 数字创新发展经济体系: 框架、演化与增值效应[J]. 科研管理, 2021, 42(4): 1-10.

[125] 康丽, 石盛林. 组织学习对技术创新绩效的调节效应——基于江苏民营制造企业的实证研究[J]. 华东经济管理, 2012(10): 9-12.

[126] 李东红. 数字化转型中的五大陷阱[J]. 哈佛商业评论(中文版), 2019(1): 44-47

[127] 李健旋, 杨浩昌. 制造业产品和工艺创新协同及其区域比较研究[J]. 科研管理, 2018, 39(4): 43-54.

[128] 李靖华, 葛朝阳, 吴晓波. 追赶和学习的创新型式[J]. 科研管理, 2002(4): 96-101.

[129] 李显君, 高歌, 孟东晖, 等. 工艺创新机制研究: 来自中国汽车企业的实证[J]. 科研管理, 2016, 37(12): 37-45.

[130] 李宇, 安玉兴. 多元互构下技术创新与企业规模的互动演化研究[J]. 科学学研究, 2008(6): 1333-1340.

[131] 李宇. 产业成长阶段视角的企业规模与技术创新关系争议解析——中、美制造业的比较[J]. 经济管理, 2010(2): 30-37.

[132] 李政, 陆寅宏. 国有企业真的缺乏创新能力吗——基于上市公司所有权性质与创新绩效的实证分析与比较[J]. 经济理论与经济管理, 2014(2): 27-38.

[133] 梁云, 唐成伟. 中国高技术企业出口贸易技术进步效应的影响因素分析[J]. 经济问题探索, 2013(5): 144-150.

[134] 林琳, 吕文栋. 数字化转型对制造业企业管理变革的影响——基于酷特智能与海尔的案例研究[J]. 科学决策, 2019(1): 85-98.

[135] 蔺雷, 吴贵生. 服务产业创新的"逆向产品周期"模型[J]. 科研管理, 2004(5): 1-7.

[136] 刘海兵, 许庆瑞. 后发企业战略演进、创新范式与能力演化[J]. 科学学研究, 2018, 36(8): 1442-1454.

[137] 刘兰剑, 张田, 牟兰紫薇. 高端装备制造业创新政策评估实证研究[J]. 科研管理, 2020, 41(1): 48-59.

[138] 刘淑春, 闫津臣, 张思雪, 等. 企业管理数字化变革能提升投入产出效率吗[J]. 管理世界, 2021, 37(5): 170-190+13.

[139] 柳卸林, 李艳华. 知识获取与后发企业技术能力提升——以汽车零部件产业为例[J]. 科学学与科学技术管理, 2009(7): 94-100.

[140] 刘欣, 陈松. 技术后发企业工艺创新战略的演进——以上汽集团工艺创新实践为例[J]. 科学学与科学技术管理, 2017, 38(1): 134-141.

[141] 刘洋, 董久钰, 魏江. 数字创新管理: 理论框架与未来研究[J]. 管理世界, 2020, 36(7): 198-217+219.

[142] 毛维青, 陈劲, 郑文山. 企业产品——工艺组合技术创新模式探析[J]. 科技管理研究, 2012(12): 168-171.

[143] 孟凡生, 李晓涵. 中国新能源装备智造化发展技术路线图研究[J]. 中国软科学, 2017(9): 30-37.

[144] 孟凡生, 徐野, 赵刚. 高端装备制造企业向智能制造转型过程研究——基于数字化赋能视角[J]. 科学决策, 2019(11): 1-24.

[145] 孟庆伟, 孙立楠. 制造业工艺创新的扩散机制[J]. 科学学研究, 2007(A02): 433-437.

[146] 彭新敏，姚丽婷. 机会窗口、动态能力与后发企业的技术追赶[J]. 科学学与科学技术管理，2019，40(6)：68-82.

[147] 戚聿东，蔡呈伟. 数字化企业的性质：经济学解释[J]. 财经问题研究，2019(5)：121-129.

[148] 戚聿东，杜博，温馨. 国有企业数字化战略变革：使命嵌入与模式选择——基于3家中央企业数字化典型实践的案例研究[J]. 管理世界，2021，37(11)：137-158.

[149] 钱晶晶，何筠. 传统企业动态能力构建与数字化转型的机理研究[J]. 中国软科学，2021(6)：135-143.

[150] 施培公. 企业规模技术创新[J]. 科学学与科学技术管理，1995(5)：41-42.

[151] 石喜爱，李廉水，程中华，等. "互联网+"对中国制造业价值链攀升的影响分析[J]. 科学学研，2018，36(8)：1384-1394.

[152] 史永乐，严良. 智能制造高质量发展的"技术能力"：框架及验证——基于CPS理论与实践的二维视野[J]. 经济学家，2019(9)：83-92.

[153] 史竹琴，蔡瑞林，朱先奇. 智能生产共享商业模式创新研究[J]. 中国软科学，2017(6)：130-139.

[154] 宋宝香，彭纪生，王玮. 外部技术获取对本土企业技术能力的提升研究[J]. 科研管理，2011(7)：85-95.

[155] 谭建荣，刘达新，刘振宇，等. 从数字制造到智能制造的关键技术途径研究[J]. 中国工程科学，2017，19(3)：39-44.

[156] 唐春晖，唐要家. 技术模式与中国产业技术追赶[J]. 中国软科学，2006(4)：59-65.

[157] 陶锋，李诗田. 全球价值链代工过程中的产品开发知识溢出和学习效应——基于东莞电子信息制造业的实证研究[J]. 管理世界，2008(1)：115-122.

[158] 汪建成，毛蕴诗，邱楠. 由OEM到ODM再到OBM的自主创新与国际化路径——格兰仕技术能力构建与企业升级案例研究[J]. 管理世界，2008(6)：148-155.

[159] 王海花，杜梅. 数字技术、员工参与与企业创新绩效[J]. 研究与发展管理，2021，33(1)：138-148.

[160] 王梦菲，张昕蔚. 数字经济时代技术变革对生产过程的影响机制研究[J]. 经济学家，2020(1)：52-58.

[161] 王乃静. 基于技术引进、消化吸收的企业自主创新路径探析——以潍柴动力股份有限公司自主创新经验为例[J]. 中国软科学，2007(4)：15-23.

[162] 王伟强，许庆瑞. 企业工艺创新的源与模式研究[J]. 科研管理，1993(5)：50-56.

[163] 魏守华，姜宁，吴贵生. 本土技术溢出与国际技术溢出效应——来自中国高技术产业创新的检验[J]. 财经研究，2010(1)：54-65.

[164] 吴晓波. 二次创新的进化过程[J]. 科研管理，1995(2)：27-35.

[165] 吴晓波，马如飞，毛茜敏. 基于二次创新动态过程的组织学习模式演进——杭氧1996—2008纵向案例研究[J]. 管理世界，2009(2)：152-164.

[166] 吴晓波，付亚男，吴东，等. 后发企业如何从追赶到超越？——基于机会窗口视角的双案例纵向对比分析[J]. 管理世界，2019，35(2)：151-167+200.

[167] 吴延兵. 企业规模、市场力量与创新：一个文献综述[J]. 经济研究，2007(5)：125-138.

[168] 吴翌琳. 技术创新与非技术创新对就业的影响研究[J]. 统计研究，2015，32(11)：59-64.

[169] 肖静华, 李文韬. 智能制造对企业战略变革与创新的影响——资源基础变革视角的探析[J]. 财经问题研究, 2020(2): 38-46.

[170] 谢康, 夏正豪, 肖静华. 大数据成为现实生产要素的企业实现机制: 产品创新视角[J]. 中国工业经济, 2020(5): 42-60.

[171] 谢识予. 经济博弈论[M]. 3版. 上海: 复旦大学出版社, 2002.

[172] 谢伟. A-U模型及其对技术学习研究的启示[J]. 科研管理, 2000(6): 24-31.

[173] 谢伟. 加工贸易和技术学习[J]. 科技管理研究, 2005(10): 59-63.

[174] 徐二明, 张晗. 中国上市公司国有股权对创新战略选择和绩效的影响研究[J]. 管理学报, 2011(2): 206-213.

[175] 徐欣. 技术升级投资与产品成本优势效应的实证研究——基于产品技术生命周期与工艺创新的视角[J]. 科研管理, 2013(8): 82-89.

[176] 严海宁, 谢奉军. FDI对我国企业产品创新和过程创新的影响——基于行业面板数据的经验分析[J]. 经济问题, 2010(4): 46-50.

[177] 杨德明, 刘泳文. "互联网+"为什么加出了业绩[J]. 中国工业经济, 2018(5): 80-98.

[178] 杨晔, 朱晨, 谈毅. 技术创新与中小企业雇佣需求——基于员工技能结构的再审视[J]. 管理科学学报, 2019, 22(2): 92-111.

[179] 姚志坚, 吴翰, 程军. 技术创新A-U模型研究进展及展望[J]. 科研管理, 1999(4): 8-14.

[180] 叶林. 企业规模与创新技术选择[J]. 经济评论, 2014(6): 138-148.

[181] 于君博, 舒志彪. 企业规模与创新产出关系的实证研究[J]. 科学学研究, 2007(2): 373-380.

[182] 苑泽明, 严鸿雁, 吕素敏. 中国高新技术企业专利权对未来经营绩效影响的实证研究[J]. 科学学与科学技术管理, 2010(6): 166-170.

[183] 臧树伟, 陈红花. 创新能力如何助力本土品牌厂商"换道超车"?[J]. 科学学研究, 2019, 37(2): 338-350.

[184] 曾武. 动态寡头市场博弈条件下企业创新能力的产品创新及工艺创新选择[J]. 管理学报, 2012(5): 772-776.

[185] 张伯旭, 李辉. 推动互联网与制造业深度融合——基于"互联网+"创新的机制和路径[J]. 经济与管理研究, 2017, 38(2): 87-96.

[186] 张赤东. 中国企业技术创新现状调查: 特征、倾向与对策[J]. 科研管理, 2013(2): 10-18.

[187] 张景安. 实现由技术引进为主向自主创新为主转变的战略思考[J]. 中国软科学, 2003(11): 1-5.

[188] 张婧, 段艳玲. 市场导向对创新类型和产品创新绩效的影响[J]. 科研管理, 2011(5): 68-77.

[189] 张鹏. 数字经济的本质及其发展逻辑[J]. 经济学家, 2019, (2): 25-33.

[190] 张倩肖, 董瀛飞. 渐进工艺创新、产能建设周期与产能过剩——基于"新熊彼特"演化模型的模拟分析[J]. 经济学家, 2014(8): 33-42.

[191] 张西征, 刘志远, 王静. 企业规模与R&D投入关系研究——基于企业盈利能力的分析[J]. 科学学研究, 2012(2): 265-274.

[192] 赵剑波. 推动新一代信息技术与实体经济融合发展: 基于智能制造视角[J]. 科学学与科学技术管理, 2020, 41(3): 3-16.

[193] 甄丽明,唐清泉. 技术引进对企业绩效的影响及其中介因素的研究——基于中国上市公司的实证检验[J]. 管理评论, 2010(9): 14-23.

[194] 郑锦荣, 屠梅曾. 垄断状态下技术创新模式选择的偏好性研究[J]. 研究与发展管理, 2008(1): 37-44.

[195] 周方召, 符建华, 仲深. 外部融资、企业规模与上市公司技术创新[J]. 科研管理, 2014(3): 116-122.

[196] 周黎安, 罗凯. 企业规模与创新: 来自中国省级水平的经验证据[J]. 经济学(季刊), 2005(2): 623-638.

[197] 周煊, 程立茹, 王皓. 技术创新水平越高企业财务绩效越好吗?——基于16年中国制药上市公司专利申请数据的实证研究[J]. 金融研究, 2012(8): 166-179.

[198] 朱峰, 朱英明, 尤宏兵. 创新对就业的影响: 国外研究综述[J]. 世界地理研究, 2016, 25(2): 115-122.

[199] 邹彩芬, 黄琪. 信息技术行业 R&D 投入影响因素及其经济后果分析[J]. 中国科技论坛, 2013(3): 82-88.

[200] 王满四, 周翔, 张延平. 从产品导向到服务导向: 传统制造企业的战略更新——基于大疆创新科技有限公司的案例研究[J]. 中国软科学, 2018(11): 107-121.